**Allitera** Verlag

Schriftenreihe der Bayerischen Staatsbibliothek
Band 7

Wolfgang Jahn

# GESCHICHTE EINER FÄLSCHUNG

## Die Waldseemüller-Globensegmente in der Bayerischen Staatsbibliothek

Allitera Verlag

September 2019
Allitera Verlag
Ein Verlag der Buch&media GmbH München

Layout und Satz: Johanna Conrad
Umschlaggestaltung unter Verwendung der Waldseemüller-Globensegmente
der Bayerischen Staatsbibliothek München
Gesetzt aus der Meta FF und der Adobe Garamond Pro
Printed in Europe · ISBN 978-3-96233-164-1

Allitera Verlag
Merianstraße 24 · 80637 München
fon 089 13 92 90 46 · fax 809 13 92 90 65
mail info@allitera.de · www.allitera.de

# INHALT

# GRUSSWORT

Für die Bayerische Staatsbibliothek war der 12. Februar 2018 kein guter Tag. In einer Pressemitteilung bestätigte sie den seit 1990 in ihrem Besitz befindlichen Einblattdruck der Globensegmente Martin Waldseemüllers als Fälschung. Bezogen auf ihren historischen Gesamtbestand, mit dem die Bibliothek zu den bedeutendsten Gedächtnisinstitutionen der Welt zählt, stehen die Waldseemüller-Globensegmente zwar nicht in der ersten Reihe. Als Teil der Kartensammlung der Bibliothek betrachtet, stellen sie jedoch zweifelsohne ein Spitzenstück dar, zumal eines von beträchtlicher öffentlicher Sichtbarkeit – schließlich ist die Waldseemüller-Karte dafür berühmt, dass auf ihr erstmals der Name »America« auftaucht.

Der Schmerz über die Aufdeckung der Fälschung war also nicht unerträglich, aber doch sehr deutlich spürbar – und ist es bis heute. Zwar sind alle an der Causa Waldseemüller in der einen oder anderen Form beteiligten Personen mittlerweile verstorben, aber die Unklarheit hinsichtlich zahlreicher Umstände der Fälschung, vor allem natürlich die offene Frage nach dem Täter und seinen Motiven, treibt nicht nur die Bayerische Staatsbibliothek bis heute um. Als Universalbibliothek ist es für sie eine Selbstverständlichkeit, in großen, sehr großen Zeiträumen der Bewahrung und Kuratierung des ihr anvertrauten kulturellen Erbes zu denken, sei es nun auf Pergament, Papier oder Petabyte überliefert. Und dieser Anspruch gilt nicht nur für die Zukunft, sondern ebenso sehr für die Vergangenheit: Wir wollten schon wissen, was genau es mit der Fälschung dieses so bedeutenden Exponats auf sich hat.

Die nun vorliegende Studie von Wolfgang Jahn löst diesen Anspruch voll und ganz ein. Mit ihr kann die Waldseemüller-Fälschung als aufgeklärt gelten. Zwar zeigen seine Analysen gerade in ihrer Akribie, Umsicht und Detailschärfe, dass es im Rückblick wohl nicht mehr möglich sein wird, den einen und einzigen Fälscher – quasi mit der »smoking gun« in der Hand – zu identifizieren. Der überhaupt in Frage kommende Täterkreis wird aber durch Jahns Arbeit so dezidiert eingeengt und in seiner Motivlage derart schlüssig beschrieben, dass keine Fragen offenbleiben. Seine Erkenntnisse präsentiert uns der Autor als spannend zu lesende detektivische Entdeckungsreise, die Schritt für Schritt Licht ins Dunkel der Causa Waldseemüller bringt – bis alles klar zutage liegt.

Der Bayerischen Staatsbibliothek ist es daher eine Ehre und Freude, Wolfgang Jahns Studie in ihrer Schriftenreihe zu veröffentlichen. Denn als Bibliothek ist sie schließlich der Wahrheit verpflichtet, oder besser: den vielen Wahrheiten, die in ihren Wissensspeichern bewahrt sind – auch wenn es sich diesmal leider nicht um eine Wahrheit handelt, die glücklich macht.

*Dr. Klaus Ceynowa*
*Generaldirektor der Bayerischen Staatsbibliothek*

# VORWORT

Die Idee zu dieser Publikation ist auf dem heimischen Sofa entstanden. Eines Abends Ende 2017 erzählte mir meine Frau, dass sich eine historische Karte der Bayerischen Staatsbibliothek mit der ersten Nennung Amerikas höchstwahrscheinlich als Fälschung erweisen werde. Eine identische Karte, ebenfalls dem Straßburger Humanisten und Kartografen Martin Waldseemüller zugeschrieben, hätte Anfang Dezember 2017 in London bei Christie's mit einem Startpreis von einer Million Euro versteigert werden sollen. Die Karte wurde kurzfristig wegen begründeten Fälschungsverdachts zurückgezogen. Ein Artikel, der am 10. Dezember 2017 in der New York Times erschienen war, führte die überzeugenden Hinweise für eine Fälschung an und zog auch die »baugleiche« Karte der Bayerischen Staatsbibliothek in Zweifel. Ein Gutachten des Instituts für Bestandserhaltung und Restaurierung der Bayerischen Staatsbibliothek vom Januar 2018 bestätigte den Verdacht. Damit erwies sich die Karte der Staatsbibliothek als Fälschung des 20. Jahrhunderts. Das Echo in den in- und ausländischen Medien war zwar durchaus groß, allerdings ergaben sich keine weiteren Hinweise auf die möglichen Fälscher und ihre Motive.

Meine Frau, Dr. Cornelia Jahn, Leiterin der Kartensammlung der Bayerischen Staatsbibliothek, gab mir den Anstoß, der Angelegenheit mit dem gefälschten Waldseemüller-Blatt von historischer Seite her auf den Grund zu gehen. Als Mittelalterhistoriker ist mir die Problematik um gefälschte Urkunden und um die Motive der »ehrbaren« Fälscher durchaus vertraut. In die Gemütslage eines neuzeitlichen Fälschers musste ich mich allerdings erst hineindenken. Die Akteure des modernen Kunstmarkts stellten sich als spannendes Forschungsfeld heraus. Käufer und Verkäufer, Händler und Restauratoren, Sammler und Auktionatoren, manchmal personalgleich, sind von durchaus unterschiedlichen Interessen geleitet.

Die Quellen- und Literaturlage bei dieser Fälschungsfrage war anfangs sehr dünn. Umso dankbarer bin ich Mortimer Graf Maltzan (München), der mir äußerst hilfsbereit eine Fülle von Informationen zur Familiengeschichte und zur Maltzan-Grafiksammlung mitteilte. Graf Maltzan hatte noch selbst Kontakt mit dem Kunsthändler Richard Zinser, der in dieser Geschichte noch eine wichtige Rolle spielen wird. Lücken in der Biografie des Kupferstichrestaurators Carl Schweidler konnten bei Durchsicht seines im Archiv des Mitte Museums in Berlin aufbewahrten Teilnachlasses geschlossen werden, wofür ich Sigrid Schulze danke.

Auch die Unterlagen der Außenstelle Berlin des Bundesarchivs, des Berliner Landesarchivs und des Goethe- und Schiller-Archivs Weimar waren sehr hilfreich. Das Kapitel über den Verkauf des

Hauslab-Liechtenstein-Exemplars nach Amerika hätte ohne die Bestände des Hausarchivs der Regierenden Fürsten von und zu Liechtenstein in Wien nicht geschrieben werden können. Dafür bedanke ich mich bei seinem Leiter Dr. Arthur Stögmann.

Das gefälschte Blatt mit den Globensegmenten von Martin Waldseemüller, um die sich diese Geschichte dreht, befindet sich im Bestand der Bayerischen Staatsbibliothek München. Deshalb habe ich mich sehr gefreut, dass Generaldirektor Dr. Klaus Ceynowa spontan die Veröffentlichung des Manuskripts in der Schriftenreihe der Bayerischen Staatsbibliothek zusagte. Ihm gebührt mein besonderer Dank.

Die beiden materialwissenschaftlichen Gutachten, die im Januar 2018 und im Februar 2019 das Institut für Bestandserhaltung und Restaurierung der Bayerischen Staatsbibliothek München zum Globensegment-Blatt und seiner Träger-Inkunabel erstellte, bestätigten meine Vermutungen. Ich bedanke mich bei Dr. Irmhild Ceynowa, der Leiterin, und beim Stellvertretenden Leiter Dr. Thorsten Allscher. Er hat mir auch wertvolle Hinweise zum Druckverfahren gegeben. Dr. Claudia Bubenik, die Leiterin des Referats Alte und seltene Drucke der Bayerischen Staatsbibliothek, war durch ihre Inkunabel-Kenntnisse eine sehr große Unterstützung.

Evamaria Brockhoff M. A. (Augsburg) hat sich in der ihr eigenen Weise um den richtigen Text verdient gemacht. Sie besitzt jahrzehntelange Erfahrung, Texte von Wissenschaftlern zu Texten für Leser zu lektorieren.

Bei Alisa Fowler, Abteilung Karten und Bilder, bedanke ich mich für die erfolgreichen Mühen der Bildbeschaffung. Durch die Unterstützung der Institutionen, die Bildvorlagen zur Verfügung gestellt haben, konnten zum ersten Mal alle Globensegment-Blätter in einer Publikation abgebildet werden. Für die vertragliche Betreuung des Projekts habe ich Peter Schnitzlein, Leiter des Stabsreferats Presse- und Öffentlichkeitsarbeit der Bayerischen Staatsbibliothek München, zu danken. Dr. Martin Hermann übernahm dankenswerterweise die Übersetzung der Zusammenfassung ins Englische.

Dem Allitera Verlag, Alexander Strathern und Dietlind Pedarnig mit ihren Mitarbeitern, danke ich für die nette Aufnahme, die professionelle Umsetzung und die zügige Fertigstellung des kleinen Werks.

Ganz besonders danke ich meiner Frau für die abendliche Begleitung des Recherchestands und der Manuskripterstellung, für ihre Unterstützung bei der Literaturbeschaffung und ihr bibliothekarisches Wissen und für ihre Ratschläge und Ermunterung.

*Wolfgang Jahn,*
*München, im Juli 2019*

# EINLEITUNG

Anfang Dezember 2017 trafen sich in den Räumen der Universität von Minnesota Vertreter des Auktionshauses Christie's, Spezialisten für Altkarten und Papierrestauratoren zu einer kurzfristig anberaumten Besprechung. Auf dem Tisch lagen zwei Drucke: das sogenannte Hauslab-Liechtenstein-Exemplar der Globensegmente von Martin Waldseemüller[1] von 1507 und ein zeitgleiches Exemplar, das wenige Tage später, am 13. Dezember, bei Christie's in London zur Versteigerung kommen sollte. Aus mehreren Gründen war dieses Treffen höchst brisant, handelte es sich bei den Drucken doch um die »Geburtsurkunde Amerikas«, die erste Nennung des Namens Amerika auf einer Karte.

Zu diesem Zeitpunkt waren vier Exemplare dieser Globensegmente bekannt. Das Hauslab-Liechtenstein-Exemplar befindet sich seit 1954 im Besitz der Universität von Minnesota. Ein weiteres Stück, das Kraus-Exemplar, eingebunden in eine Ptolemäus-Inkunabel von 1486, hatte 1990 die Bayerische Staatsbibliothek München (BSB) für eine nicht unerhebliche Summe von der Witwe von Hans P. Kraus, einem namhaften Buchhändler und Sammler, angekauft. Ein drittes Exemplar der Globensegmente hatte man 1993 in der Stadtbücherei Offenburg, eingebunden in eine Aristoteles-Ausgabe von 1542, entdeckt. Ein viertes Blatt eines privaten Einlieferers war 2005 bei Christie's für 545 000 britische Pfund versteigert worden. Das bei Christie's im Dezember 2017 zur Versteigerung vorgesehene Exemplar wäre in dieser Reihe das fünfte bekannt gewordene Stück gewesen.[2]

Eine Absicherung dieses Exemplars hinsichtlich seiner Provenienz und auch ein Vergleich mit den anderen Stücken waren, zumal bei der zu erwartenden beträchtlichen Aufrufsumme von bis zu einer Million Euro, eine Selbstverständlichkeit. Deshalb nahm ein Vertreter von Christie's im Oktober 2017 das Kraus-BSB-Exemplar in München in Augenschein und verglich es mit dem mitgebrachten Versteigerungskandidaten. Dabei wurden keinerlei Widersprüche, sondern im Gegenteil weitgehende Übereinstimmungen der beiden Drucke festgestellt. Als nach der Fertigstellung des Beschreibungstextes die ersten Presseinformationen durch Christie's gestreut wur-

1 Hans Wolff, Martin Waldseemüller. Bedeutendster Kosmograph in einer Epoche forschenden Umbruchs, in: Kulturstiftung der Länder / Bayerische Staatsbibliothek (Hg.), America. Das frühe Bild der Neuen Welt (Bayerische Staatsbibliothek Ausstellungskataloge 58), München 1992, S. 111–126.

2 Wenn nicht anders aufgelöst, dann werden diese Exemplare im Text so bezeichnet: Hauslab-Liechtenstein, Kraus-BSB, Offenburg, Christie's2005 und Christie's2017.

den, kam die Angelegenheit ins Rollen. Ein amerikanischer Händler von Altkarten[3] meldete im November 2017 als Erster Zweifel an dem zur Versteigerung vorgesehenen Exemplar an. Bei einer neuerlichen gründlichen Untersuchung verdichteten sich die Verdachtsmomente.

Das Ergebnis des erwähnten Treffens in der Universität von Minnesota erwies beim Vergleich des Hauslab-Liechtenstein-Exemplars mit dem neuen Christie's-Stück eine Reihe von Auffälligkeiten. Bei Letzterem waren noch Spuren von Buchbinderleim festzustellen, die sich unter dem Druck befanden. Druckerschwärze fand sich auch an den Rändern eines Wurmlochs bei Segment 4 – der Druck musste also über ein bereits vorhandenes Wurmloch erfolgt sein. Weitere Vergleiche des Druckbilds der beiden Exemplare ergaben übereinstimmend einen fehlenden Buchstaben im Segment 5. Der restaurierte Riss im Segment 9 des Minnesota-Exemplars erschien im Christie's-Druck als weiße Linie. Diese beiden letzten Besonderheiten weist auch das Kraus-BSB-Exemplar auf.

Im weiteren Vergleich der Druckbilder der BSB-Karte und des Christie's-Exemplars ließen sich noch mehr Auffälligkeiten finden. Im Segment über Afrika erscheinen zwei »verrutschte« Punkte. Dies lässt sich nur an diesen beiden Exemplaren nachweisen. Die einzig denkbare Folgerung daraus musste deshalb sein, dass sowohl das Christie's-Exemplar als auch das Kraus-BSB-Exemplar Nachdrucke einer Aufnahme des Minnesota-Exemplars sind. Daraufhin wurde das Christie's2017-Exemplar von der Versteigerung zurückgezogen.[4]

Bei dem eingelieferten Christie's-Druck konnte zudem festgestellt werden, dass das Wasserzeichen eine Fälschung war. Von den amerikanischen Experten wurde in diesem Zusammenhang der Name von Carl Schweidler (1884–1962), einem Berliner Kupferstichrestaurator, ins Spiel gebracht. Auch der Name von Max Schweidler (1885–1953), dem jüngeren Bruder von Carl Schweidler und bekannten Papierrestaurator, wurde genannt. Nachdem der Einlieferer des Christie's2017-Exemplars ein Nachfahre des Restaurators Arthur Bruno Drescher (1895–1986) war, der wiederum bei Carl Schweidler gelernt hatte, schien sich hier eine mögliche Spur zur Aufklärung der Fälschungen zu ergeben.

Ein ausführlicher Artikel in der New York Times vom 7. Dezember 2017 machte die Problematik um das Christie's-Exemplar und das Kraus-BSB-Exemplar im Vergleich zu den Min-

[3] Vgl. den Artikel von Corey Levitan, The map man of La Jolla, in: La Jolla Light, 9.1.2018, über den amerikanischen Altkartenspezialisten Alex Clausen von Barry Lawrence Ruderman Antique Maps in La Jolla / San Diego in Kalifornien, URL: http://enewspaper.lajollalight.com/html5/desktop/production/default.aspx?pubid=ccfa8a4e-30d9-4f6c-a77a-e822b4e06827&edid=31b7933b-a311-4f10-ad6b-91e7423060c2&pnum=40 [12.2.2019].

[4] E-Mail von Julian Wilson (Christie's) an die Bayerische Staatsbibliothek, 5.12.2017, Bayerische Staatsbibliothek, Abteilung Karten und Bilder, Registratur 1227.

nesota-Globensegmenten öffentlich. Gestützt auf Aussagen renommierter Kartenhändler und Restauratoren und mit Stellungnahmen von Christie's versehen, fasste der Journalist Michael Blanding den aktuellen Kenntnisstand zusammen. Er zitierte hier den Forscher Nick Wilding von der Georgia State University: »The biggest clue that something was off … was a white line in the Christie's map. It matched a spot in an authentic print of the map now held at the James Ford Bell Library at the University of Minnesota in Minneapolis, where extra paper had apparently been added to repair a tear.« Ein Abzug vom Originaldruckstock könne keinen später entstandenen Riss wiedergeben. Auch die befremdliche Tatsache eines überdruckten alten Leimrestes wurde thematisiert. »The paper, with remnants of glue, seemed old enough. But in one spot … print from the map seemed to be on top of the glue, suggesting that the map's image was superimposed on the paper after it had been removed from a book.«[5] Damit wurde auch die Authentizität des BSB-Exemplars, das mit dem Christie's2017-Exemplar optisch identisch erschien, in Zweifel gezogen.

Die Bayerische Staatsbibliothek veranlasste daraufhin für ihr eigenes Exemplar ein Gutachten, das vom hauseigenen Institut für Bestandserhaltung und Restaurierung erstellt wurde. Hier wurde im Januar 2018 konstatiert: »Der Einblattdruck der Globensegmente (Blattgröße 42 x 29,5 cm) wurde durch das Institut für Bestandserhaltung und Restaurierung der Bayerischen Staatsbibliothek materialwissenschaftlich und kunsttechnologisch ohne Probennahme untersucht. Das verwendete Papier zeigt die charakteristische Siebstruktur eines historischen Büttenpapiers ohne ein Wasserzeichen, das Hinweise auf eine regionale und zeitliche Einordnung geben könnte. Die Untersuchung fokussierte daher auf die Analyse der verwendeten Druckfarbe mittels berührungsfreier spektroskopischer Techniken: Die Druckfarbe enthält als Hauptbestandteile die Elemente Eisen und Titan. ln dieser Kombination sind nur wenige schwarze Pigmente bekannt. Wahrscheinlich liegt das mineralische Pigment Eisentitanat vor. Die Verwendung dieses titanhaltigen Pigments für die Druckfarbe deutet auf die Herstellung der Karte im 20. Jahrhundert hin. Zu der Zeit von Martin Waldseemüller zu Beginn des 16. Jahrhunderts verwendete man dagegen rußhaltige Druckfarben. Ruß als schwarzes Pigment auf Kohlenstoffbasis konnte hier jedoch nicht nachgewiesen werden. Dieses Analyse-Ergebnis lässt den Schluss zu, dass es sich bei dem Exemplar der Bayerischen Staatsbibliothek nicht um ein Original, sondern um eine mo-

[5] Michael Blanding, Why Experts Don't Believe This Is a Rare First Map of America, in: The New York Times, 10.12.2017, URL: https://www.nytimes.com/2017/12/10/arts/design/why-experts-dont-believe-this-is-a-rare-first-map-of-america.html [12.2.2019]. Nach Angabe von Julian Wilson von Christie's in London habe sich der Einlieferer als Nachfahre des Papierrestaurators Arthur Bruno Drescher ausgewiesen. Er habe die Karte im Nachlass des Verstorbenen entdeckt.

derne Kopie handelt. Die aktuell in der internationalen Presse bekanntgemachten, rein optisch erkennbaren Merkmale am Druckbild derjenigen Karte, die zur Versteigerung bei Christie's in London vorbereitet wurde, finden sich auch bei der Münchener Karte und bestätigen darüber hinaus den Verdacht einer modernen Kopie.«[6] Damit waren auf einen Schlag von den fünf bekannten älteren Waldseemüller-Globensegmenten zwei als moderne Fälschungen entlarvt.[7]

## Martin Waldseemüller und America

Um die Bedeutung der Fälschung richtig einschätzen zu können, ist ein Blick auf die Biografie Martin Waldseemüllers[8] und die Entstehung seiner Karten hilfreich. Er wurde zwischen 1472 und 1477 in Wolfenweiler in der Nähe von Freiburg im Breisgau geboren. Am 7. Dezember 1490, das erste gesicherte Datum seiner Biografie[9], wurde er als *Martinus Walzemüller* an der Universität Freiburg immatrikuliert. Nach Abschluss des Studiums stieß er zu einem nicht bekannten Zeitpunkt zum humanistischen Zentrum im Vogesenort St.-Dié in Lothringen. Er wurde Mitglied im dortigen Gelehrtenzirkel, genannt *Gymnasium Vosagense*. Unter dem Patronat des lothringischen Herzogs René II. stehend, war es den hier tätigen Gelehrten möglich, das kartografische Wissen der Zeit an diesem beschaulichen Ort zu bündeln.

Im April 1507 veröffentlichten Martin Waldseemüller und sein Studienkollege Matthias Ringmann (1482–1511) das bahnbrechende Werk *Cosmographiae Introductio*. Auf der Grundlage der Geografie des griechischen Mathematikers und Geografen Claudius Ptolemäus (um 100 – nach 160 n. Chr.) wurden nun mit dem Abdruck der Reisen des Amerigo Vespucci die brandaktuellen Neuigkeiten und Erweiterungen des Weltbilds ihrer Zeit bekannt gemacht. Im neunten Kapitel

6 Pressemitteilung der Bayerischen Staatsbibliothek München vom Februar 2018, URL: https://www.bsb-muenchen.de/fileadmin/pdf/presse/2018/pm_2018_waldseemueller.pdf [12.2.2019].

7 Klaus Graf, Bayerische Staatsbibliothek bestätigt eigene »Waldseemüller«-Globensegmente als Fälschung, in: Archivalia, 15.2.2018, URL: https://archivalia.hypotheses.org/70487 [12.2.2019], spricht ohne weitere Angaben von mindestens zwei Fälschungen.

8 Zur Biografie Martin Waldseemüllers vgl. Franz Wawrik, Waldseemüller (Waltzenmüller, Hilacomilus, Hylacomylus, Ilacomilus), Martin, in: Lexikon zur Geschichte der Kartographie von den Anfängen bis zum Ersten Weltkrieg, Bd. 2, Wien 1986, S. 868–870.

9 Das Geburtsdatum wird aus dem Zeitpunkt der Immatrikulation 1490 erschlossen. Die Einschreibung fand zwischen dem 15. und 18. Lebensjahr statt, wobei es aber an der Freiburger Universität zu dieser Zeit auch eine Immatrikulation mit 13½ Jahren gab, vgl. Lehmann, Die *Cosmographiae Introductio* Matthias Ringmanns und die Weltkarte Martin Waldseemüllers aus dem Jahr 1507. Ein Meilenstein frühneuzeitlicher Kartographie, München 2010, S. 52 Anm. 77.

*Die große Weltkarte von Martin Waldseemüller von 1507.*
*Library of Congress, Geography and Map Division, Washington, D.C.*

ist hier zum ersten Mal der Name des neuentdeckten Kontinents Amerika vermerkt und erläutert: Durch Americus Vesputium [Amerigo Vespucci] sei ein vierter Kontinent entdeckt worden und es spräche nichts dagegen, diesen nach jenem klugen Mann zu benennen, zumal ja Europa und Asia nach Frauen benannt worden seien.

Während der Philologe und Kosmograf Ringmann wohl für die Herausgabe der *Cosmographiae* zuständig war, übernahm der Kartograf Waldseemüller die Produktion der beiden begleitenden Karten. Bereits auf dem Titelblatt der *Cosmographiae Introductio* war deutlich angegeben, dass es sich bei diesem Werk um eine Erdbeschreibung handelt, die in Verbindung mit einem Globus als auch einer Karte unter Berücksichtigung der kürzlich entdeckten Weltgegenden publiziert wird. Das gesamte »Medienpaket in lateinischer Sprache«[10] setzte sich also aus diesen drei Teilen zusammen.

Bei der angesprochenen Karte handelt es sich um die aufgrund ihrer Ausmaße von 129 x 232 cm sogenannte große Weltkarte. Waldseemüller orientierte sich bei der inhaltlichen Gestaltung der großen Weltkarte einerseits am Wissen der »alten Autoritäten« und andererseits an den neuesten Forschungen, wenn er sich sowohl auf die Überlieferung durch Ptolemäus als auch auf die Expeditionen von Amerigo Vespucci berief. Ganz folgerichtig benannte er deshalb den neuentdeckten Kontinent auch auf dieser Karte zum ersten Mal mit dem Namen »America«. Das bislang einzige bekannte Exemplar hatte sich in der Bibliothek der Grafen von Waldburg-Wolfegg in Oberschwaben erhalten. Die zwölf Einzelblätter waren in einen Band des Humanisten Johannes Schöner eingebunden und wurden 1901 durch Joseph Fischer S. J. entdeckt.

Die Veröffentlichung dieses sensationellen Fundes erweckte natürlich großes Interesse amerikanischer Kulturinstitutionen am Erwerb dieses Drucks. Ein erster Ankaufsversuch 1912 durch die Library of Congress scheiterte an den fehlenden Finanzmitteln. Anlässlich der Feiern zum Columbus Quincentenary 1992 wurden die zwölf Blätter der Karte aus dem Schönerschen Sammelband ausgebunden und zum ersten Mal in einer Ausstellung in der National Gallery in Washington als Wandkarte gezeigt. Der in Deutschland nicht unumstrittene Verkauf durch den Fürsten Waldburg-Wolfegg erfolgte dann 2003, die Übergabe an die Library of Congress in Anwesenheit der deutschen Bundeskanzlerin Angela Merkel 2007.[11]

10 Ute Obhof, Der Erdglobus, der Amerika benannte. Die Überlieferung der Globensegmente von Martin Waldseemüller aus dem Jahre 1507, in: Susanne Asche (Hg.), Neue Welt & altes Wissen. Wie Amerika zu seinem Namen kam. Eine Ausstellung mit Kostbarkeiten der Historischen Bibliothek Offenburg, Offenburg 2006, S. 45–53, hier S. 46.

11 John W. Hessler / Chet Van Duzer, Seeing the World Anew: The Radical Vision of Martin Waldseemüller's 1507 & 1516 World Maps, Delray Beach, Fla. 2012, S. 3–22 und S. 108. Diesem Werk liegt ein Faksimile der großen Weltkarte von 1507 bei.

In unserem Fälschungskomplex ist aber in erster Linie die Globuskarte von Interesse. Sie war mit einer Motivgröße von etwa 18 x 25 cm wesentlich kleiner angelegt und besteht aus zwölf Segmenten, die miteinander verbunden sind. Analog einem neuzeitlichen »Ausschnittbogen« konnte der Käufer diese einzelnen Globensegmente ausschneiden und auf einem Globenkorpus befestigen. Damit war es ihm möglich, einen Globus mit einem Durchmesser von etwa 11 cm selbst herzustellen.

Der Druck von beiden Karten beruhte auf dem Holzschnittverfahren. Für die große Weltkarte mussten zwölf Blöcke angefertigt werden, um jeweils ein Blatt mit den Maßen 43 x 58 cm drucken zu können. Die Karte mit den Globensegmenten erforderte einen wesentlich kleineren Block. Als Druckort von beiden Karten ist wohl eher Straßburg mit seinen bestens ausgestatteten Werkstätten als das kleine St.-Dié anzunehmen.

Über die tatsächliche Auflagenhöhe der beiden Karten Waldseemüllers ist nichts bekannt. Die immer wieder angenommene Auflage von 1000 Stück ist ein Analogieschluss einer Angabe auf einer Waldseemüller-Karte von 1516. Der Kartograf merkte dabei in einer Kartenlegende an, dass er vor wenigen Jahren nicht ohne große Mühen einen Druck auf der Grundlage der Ptolemäus-Überlieferung in 1000 Exemplaren besorgt habe. Sollte diese für damalige Verhältnisse für eine Karte hohe Auflage tatsächlich zutreffen, dann werden sich die Mühen des Drucks wohl eher auf die wesentlich aufwendigere große Weltkarte bezogen haben.[12]

Die *Cosmographiae Introductio* und die beiden Karten waren auf jeden Fall ein großer medialer Erfolg mit Nachdrucken noch im gleichen Jahr. Zudem ist überliefert, dass in Straßburg Erdkugeln und Karten verkauft worden sein sollen, die Vespuccis Entdeckungen zeigten. Die Karten konnte man auch als Beilagen zu der 1509 erschienenen deutschen Fassung des Reiseberichts von Amerigo Vespucci erwerben.[13] Auch in der Folgezeit ist das anhaltende Interesse an den Karten belegt. So ist das einzige erhaltene Exemplar der großen Weltkarte erst 1515 gedruckt worden.

Martin Waldseemüller starb 1520 als Säkularkanoniker an der Kirche von St.-Dié.[14] In den folgenden Jahrhunderten ging das Wissen um die Zusammenhänge der Globensegmentkarte und der großen Wandkarte mit dem Druck der *Cosmographiae Introductio* verloren. Dies sollte sich erst in der zweiten Hälfte des 19. Jahrhunderts durch die Globensegmentkarte aus dem Besitz des österreichischen Militärs Franz von Hauslab grundlegend ändern.

[12] Lehmann, Die *Cosmographiae Introductio*, S. 19 u. Anm. 16.

[13] Obhof, Erdglobus, S. 46f. Zu diesem 1509 erschienenen Werk vgl. Martin Lehmann (Hg.), Der *Globus Mundi* Martin Waldseemüllers aus dem Jahre 1509. Text – Übersetzung – Kommentar, Freiburg 2016, S. 9–13.

[14] Die Lebensdaten von Waldseemüller nach Lehmann, Die *Cosmographiae Introductio*, S. 52–57.

Eine Spurensuche soll nun zunächst den Weg der bislang bekannten Exemplare der Globensegmente Waldseemüllers nachverfolgen. Dabei ist die Geschichte des ersten nachgewiesenen Blatts, des Hauslab-Liechtenstein-Exemplars, besonders im Auge zu behalten. Wie sich erweisen wird, ist der Verkauf dieses Exemplars untrennbar mit den gefälschten Globensegmenten verbunden. Daher nimmt im Folgenden die bislang nicht publizierte Verkaufsgeschichte des Hauslab-Liechtenstein-Exemplars zwischen 1950 und 1954 größeren Raum ein.

In einem weiteren Schritt sollen biografische Informationen zu den genannten Restauratoren Carl und Max Schweidler sowie Arthur Bruno Drescher zusammengestellt werden, um deren mögliche Beteiligung an den Fälschungen beurteilen zu können. Hier ist auch der Aspekt der sogenannten unsichtbaren Restaurierung zu berücksichtigen. Im englischsprachigen Raum sind die Brüder Schweidler mit dem Begriff »to schweidlerize« als Umschreibung für diese spezielle Technik zumindest in den Fachkreisen der Restauratoren unsterblich geworden. Im letzten Kapitel werden schließlich weitere Details und Hintergründe zum Kraus-BSB-Exemplar diskutiert. Und schließlich bietet die Ptolemäus-Inkunabel, in die das Blatt der Globensegmente eingebunden ist, bei näherer Betrachtung der bislang unstrittigen Provenienzgeschichte einige neue Ansatzpunkte.

# I

# SPURENSUCHE

Neue Erkenntnisse, die zur Einordnung der gefälschten Globensegmentblätter wichtig sind, ergeben sich schon aus der Geschichte des Hauslab-Liechtenstein-Exemplars. Mit diesem ersten bekannten Blatt beginnt die Überlieferungsgeschichte. Die Auswertung eines Aktenbestands im Hausarchiv Liechtenstein in Wien bringt bislang Unbekanntes zum Ablauf des Verkaufs ans Licht. Die Quellenlage bei den anderen Blättern ist vergleichsweise dürftig, da außer den jeweiligen Auktionskatalogen mit den Objektbeschreibungen kaum weiteres Material zur Verfügung steht. Deshalb soll in diesem Beitrag nicht der ohnehin gut bekannte kartografiehistorische Aspekt der Globensegmente im Vordergrund stehen. Interessanter scheinen in diesem Kontext die Verbindungen zum Kunstmarkt zu sein, die sich als Zusammenspiel zwischen Kunsthändlern, Restauratoren und Auktionshäusern in einem dicht verflochtenen Netzwerk aller Beteiligten erweisen.

## 1 DAS HAUSLAB-LIECHTENSTEIN-EXEMPLAR

Im Jahr 1871 wurde zum ersten Mal eine Karte mit den Globensegmenten der Öffentlichkeit präsentiert. Auf dem Internationalen Geografenkongress, der vom 14. bis 22. August 1871 in Antwerpen stattfand, war zwar nicht das Original, sondern nur eine Fotografie zu sehen,[15] aber bereits diese Abbildung erregte das große Interesse der Kongressteilnehmer. Sie wurde im Zusammenhang mit einer Ausstellung von außergewöhnlichen Schätzen der Geografiegeschichte in den Räumen der Akademie der Schönen Künste gezeigt. Neben einer Handschrift der *Cosmographia* des Ptolemäus aus dem Ende des 15. Jahrhunderts wurde insbesondere die Karte mit der ersten Nennung Amerikas aus der Sammlung des österreichischen Generals Hauslab herausgestellt.[16]

[15] Lucien Gallois, Les géographes allemands de la Renaissance, Paris 1890, S. 48 Anm. 4.

[16] Compte-Rendu du Congrès des Sciences géographiques, cosmographiques et commerciales ténu à Anvers du 14 au 22 Août 1871, 2 Bde., Anvers 1872, hier Bd. 2, S. 549, »… une photographie des fuseaux de la sphère sur laquelle, dès 1509, apparaît le nom de *America*, qui n'est définitivement consacré qu'en 1520 et 1522; l'original sur lequel a été faite cette reproduction, appartient à l'inestimable collection du général autrichien von Hauslab«. Hauslab wird im Ehrenkomitee des Kongresses aufgeführt, Compte rendu, Bd. 1, S. XVII, XLI, S. 356 und 359, sowie als Teilnehmer an der Plenumssitzung am 16. August 1871, in der er über die Ausführungsmethoden von Höhenschichtenkarten referierte. Das Foto der Globensegmente dürfte er also selbst zur Verfügung gestellt haben. Die Karte erregte offenbar größeres Aufsehen, denn im 2. Band der Kongressabhandlungen wurde nochmals betont, »on n'a pas oublié non plus le fac-simile photographique des fuseaux de la première mappemonde

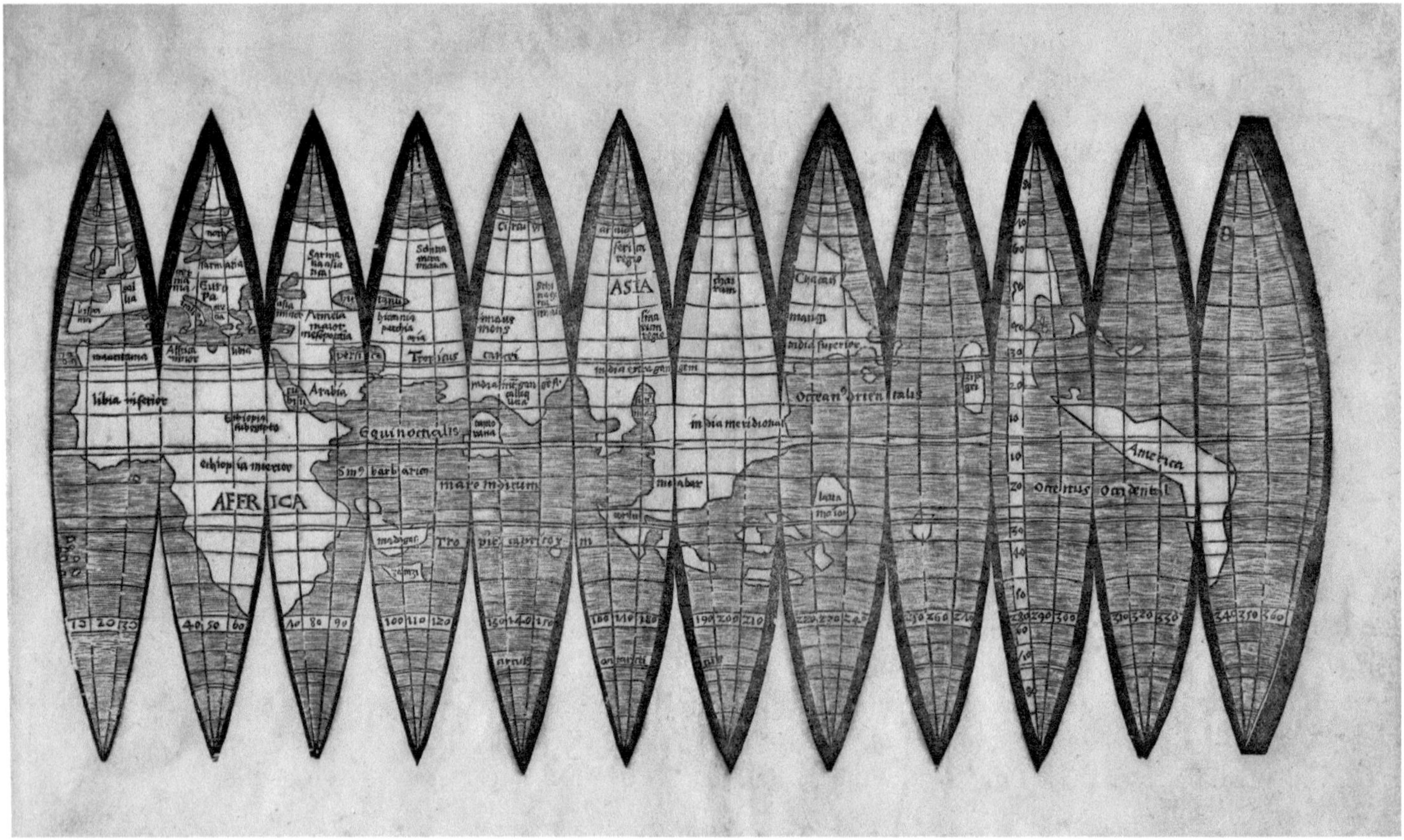


*Das Hauslab-Liechtenstein-Exemplar wurde 1954 vom Fürstentum Liechtenstein an James Ford Bell verkauft.*
*Courtesy of the James Ford Bell Library, University of Minnesota*

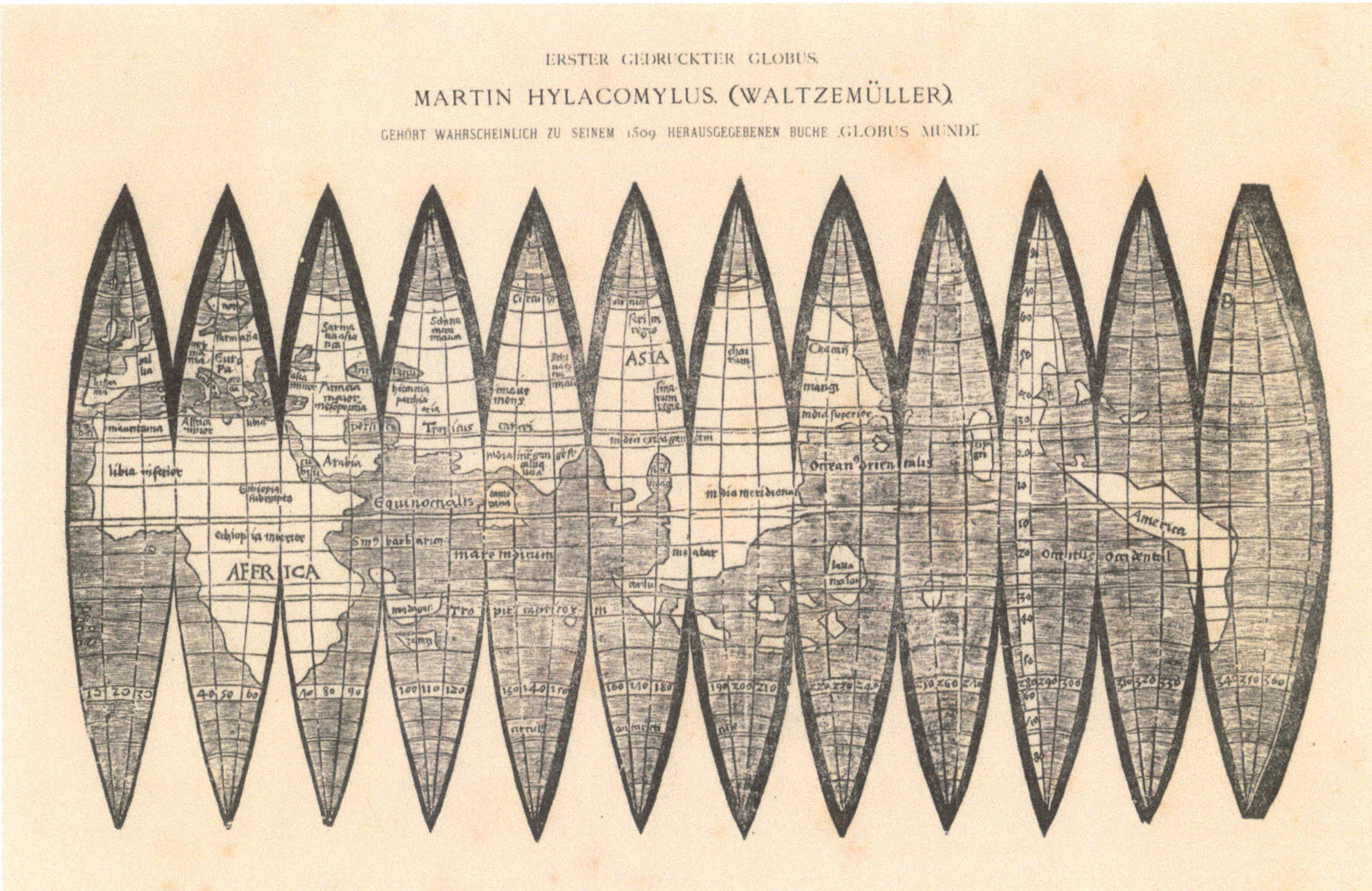


*Die erste Veröffentlichung von 1879 der Waldseemüller-Globensegmente aus dem Besitz von Franz Ritter von Hauslab. Bayerische Staatsbibliothek München*

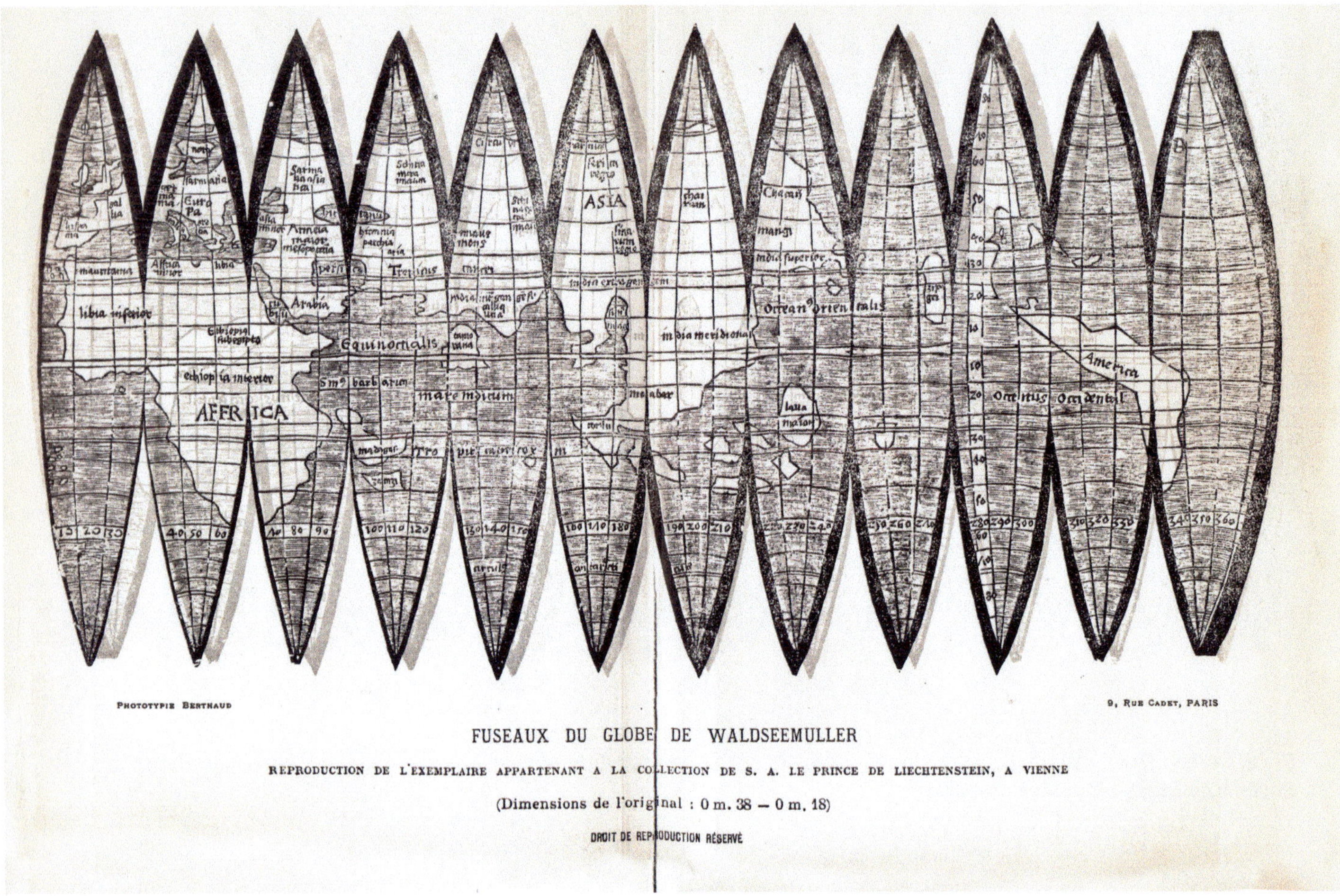


*Die Abbildung der Globensegmente bei Lucien Gallois, Les géographes allemands de la Renaissance, Paris 1890. Bayerische Staatsbibliothek München*

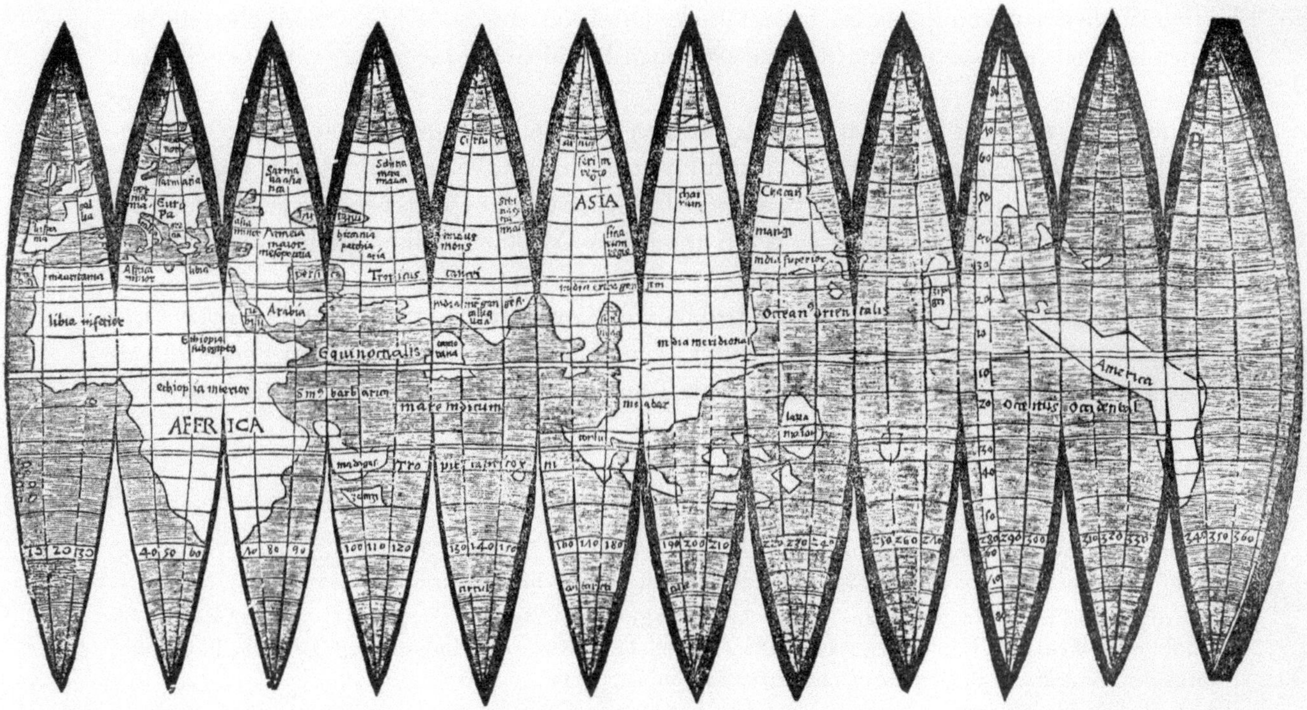


Globus Waldseemüller's von 1507.
(Hauslab-Liechtenstein'sche Sammlung in Wien).

*Abbildung des Hauslab-Liechtenstein-Exemplars bei Joseph Fischer und Franz von Wieser, Die älteste Karte mit dem Namen Amerika aus dem Jahre 1507 und die Carta marina aus dem Jahr 1516 des M. Waldseemüller (Ilacomilus), Innsbruck 1903.*
*Bayerische Staatsbibliothek München*

Franz Ritter von Hauslab (1798–1883)[17] erreichte nach einer naturwissenschaftlichen Ausbildung an der Ingenieursakademie bis zu seinem Ausscheiden aus der Armee 1868 den Rang eines Feldzeugmeisters bei der Artilleriedirektion. Sein Interesse galt vor allem der Kartografie. Bis heute ist seine Einführung der neuen Flächenfarbtechnik bei Landkarten und Seekarten in Gebrauch.

Neben seiner beruflichen Tätigkeit begann Hauslab mit dem Aufbau einer umfangreichen kartografischen Sammlung von Büchern, Drucken und Kartenwerken.[18] Er war Mitglied in Akademien und gelehrten Gesellschaften und 1865 auch Präsident der Geographischen Gesellschaft in Wien.

Wenige Jahre nach der Präsentation in Antwerpen erschien in Wien 1879 unter dem etwas sperrigen Titel »Erster gedruckter Globus Martin Hylacomylus (Waltzemüller). Gehört wahrscheinlich zu seinem 1509 herausgegebenen Buche ›Globus Mundi‹« der wahrscheinlich erste Druck der Globensegmente. Als Herausgeber wird ein anonymes »Militär-Comité« genannt, doch dürfte die Verbindung zu Hauslab eindeutig sein.[19]

Bei seinem Tod 1883 wurde der Umfang der Hauslab-Sammlung auf 13 000 Bände, 20 000 Drucke und 10 000 Karten geschätzt.[20] Die Erbin, seine langjährige Betreuerin und Pflegerin, verkaufte diese bereits ein halbes Jahr nach dem Tod von Hauslab für 155 000 Gulden an Fürst

imprimé, envoyé de son heureux propriétaire, M. le chevalier von Hauslab«, Compte rendu, Bd. 2, S. 566. Das Foto wurde im Anschluss auch in Paris präsentiert, Wien, Hausarchiv Liechtenstein FA 70.

17 Johannes Dörflinger, Hauslab, Franz von, in: Lexikon zur Geschichte der Kartographie von den Anfängen bis zum Ersten Weltkrieg, Bd. 1, Wien 1986, S. 289; Hauslab, Franz Ritter von, Indexeintrag: Deutsche Biographie, https://www.deutsche-biographie.de/pnd116539860.html [18.3.2019].

18 »Meine Sammlung von Büchern, Kunstblättern und Landkarten, entstanden durch meine vielfältige Beschäftigung mit dem Unterrichtswesen und besonders dadurch interessant, daß sie die Reihenfolge der Entwicklung jener wissenschaftlichen Fächer, mit welchen ich mich beschäftigte, von ihrem Ursprunge an in seltener Vollständigkeit darstellt, welche ich als Ergebniß vielfältiger Arbeit und bedeutenden Geldaufwandes als ein ganzes unzerstreut in einer Hand beisammen wissen wollte, habe ich bereits unter Lebenden meiner getreuen Pflegerin Fräulein Laura Bertuch geschenkt.«, so Hauslab in seinem 1883 verfassten Testament, Neue Freie Presse, Wien, 18.2.1883, Nr. 6632, S. 2f., URL: http://anno.onb.ac.at/cgi-content/anno?aid=nfp&datum=18830213&seite=17&zoom=33 [12.2.2019]).

19 Militär-Comité (Hg.), Erster gedruckter Globus Martin Hylacomylus (Waltzemüller). Gehört wahrscheinlich zu seinem 1509 herausgegebenen Buche »Globus Mundi«, Wien 1879.

20 Walter W. Ristow, The Hauslab-Liechtenstein Map Collection, in: The Quarterly Journal of the Library of Congress 35 (1978), No. 2 (April 1978), S. 108–138, hier S. 117. Zur Hauslab-Sammmlung vgl. auch die aktualisierte Online-Fassung des Werks von Frits Lugt über die Sammlermarken bei Zeichnungen und Drucken, URL: http://www.marquesdecollections.fr/print.cfm?marque=7396 [12.2.2019].

Johann II. von Liechtenstein (1840–1929).[21] Die Sammlung wurde dann in zwei Räumen der Fürstlich Liechtenstein'schen Gemäldegalerie im Gartenpalais in der Rossau in Wien aufbewahrt. Im Rahmen einer Ausstellung, die 1886 in den Räumen der Geographischen Gesellschaft in Wien stattfand, erfolgte auch eine erste summarische Bestandsaufnahme.[22] In dem Abschnitt über die Weltkarten findet sich allerdings kein Hinweis auf das Globensegmentblatt.

Aber bereits 1890 nahmen die Globensegmente Waldseemüllers den Weg in eine breitere Öffentlichkeit. In diesem Jahr publizierte Lucien Gallois (1857–1941)[23] seine Dissertation über die deutschen Kartografen der Renaissancezeit. Als Anhang 2 veröffentlichte er eine verkleinerte Abbildung der Globensegmente. Gallois bedankte sich im Vorwort ausdrücklich bei Fürst Johann II. von Liechtenstein, der dem Verfasser mehrmals Unterlagen zur Verfügung gestellt und die Erlaubnis gegeben habe, »á reproduire l'exemplaire unique qu'il possède de la Mappemonde de Waldseemüller, première carte portant le nom d'Amérique«[24]. Wahrscheinlich hatte Gallois auch aus Wien die Druckvorlage erhalten. Der Druck des Blattes selbst, im Vergleich zum Original um ein Drittel verkleinert, wurde in der Phototypie Berthaud in Paris ausgeführt.[25]

In das Jahr 1901 datiert, wie bereits erwähnt, die Entdeckung der großen Weltkarte Waldseemüllers auf Schloss Wolfegg. Dieser Fund wurde in der 1903 erschienenen Publikation von Joseph Fischer und Franz von Wieser dokumentiert. Die zweisprachige Ausgabe[26] zog die Haus-

21 Zum Verkauf vgl. den Aktenbestand im Hausarchiv der Regierenden Fürsten von Liechtenstein, Wien, Hausarchiv Liechtenstein FA 70, mit einer Ausfertigung des notariell beglaubigten Kaufvertrags.

22 Carl Haradauer Edler von Heldendauer, Die Feldzeugmeister Ritter von Hauslab'sche Kartensammlung, in: Mitteilungen der Geographischen Gesellschaft in Wien 29 (1886), S. 374–395, 433–454.

23 Lucie Lagarde, Gallois, Lucien, in: Lexikon zur Geschichte der Kartographie von den Anfängen bis zum Ersten Weltkrieg, Bd. 1, Wien 1986, S. 245.

24 Gallois, Les géographes allemands, S. 41 Anm. 4, führt hier die erste Ausstellung eines Fotos der Globensegmente auf dem Antwerpener Geografenkongress 1871 an. Späterhin sei das Blatt kaum beachtet worden.

25 In einem der beiden Münchner Exemplare, BSB Hbks/M 16, ist das Blatt mittig eingebunden worden. Der Druck erfolgte mit einer spiegelverkehrten Abbildung als Hintergrund, sodass sich ein störender Schatteneffekt ergibt. Die Bibliothèque Nationale de France besitzt mit der Signatur »GED-1107 Fuseaux du globe de Waldseemuller. Reproduction de l'exemplaire appartenant à la collection de S. A. le prince de Liechtenstein à Vienne, [1890]« einen nicht eingebundenen Abzug, der völlig klar und konturenscharf ist.

26 Joseph Fischer / Franz von Wieser, Die älteste Karte mit dem Namen Amerika aus dem Jahre 1507 und die Carta marina aus dem Jahre 1516 des M. Waldseemüller (Ilacomilus): The oldest map with the name America of the year 1507 and the Carta marina of the year 1516 by M. Waldseemüller (Ilacomilus), Innsbruck 1903, mit Abbildung der Weltkarte auf S. 7 und der Globensegmente auf S. 14.

lab-Liechtenstein-Karte zum Vergleich heran und konnte nun endgültig die Globensegmente als ein Werk Martin Waldseemüllers identifizieren. Auch die zusammen mit der Amerikanischen Geographischen Gesellschaft 1907[27] veröffentlichte Publikation von Fischer und Wieser sah die Globensegmente im Zusammenhang des Gesamtwerks von Martin Waldseemüller. »There exists, however, in the Hauslab-Liechtenstein Collection at Vienna, a printed representation of the terrestrial globe in strips, the only one hitherto found, which agrees with the statements published in the Cosmographies Introductio.«[28]

1951 veröffentlichte der Safari-Verlag in Berlin die umfangreiche Darstellung von Leo Bagrow[29] zur Geschichte der Kartografie. Hier ist auch das Blatt mit den Globensegmenten abgebildet. Dieses Grundlagenwerk des russischen Kartografiehistorikers war im Satz und mit allen Klischees bereits vor Ausbruch des Zweiten Weltkriegs fertiggestellt und hätte 1944 im Safari-Verlag erscheinen sollen. Der Satz und die Klischees wurden im bombardierten Berlin jedoch vernichtet. Es ist zu vermuten, dass das Manuskript und die Fotovorlagen für den umfangreichen Abbildungsteil erhalten blieben, da das Buch 1951 publiziert werden konnte. Der Bilderdruck erfolgte dabei im einfacheren Autotypie-Verfahren. Bagrow gibt allerdings weder in der Bildbeschreibung noch im Bildnachweis einen Hinweis auf das Hauslab-Liechtenstein-Exemplar, sodass die Herkunft der Vorlage nicht nachzuvollziehen ist. Die Abbildung erweist sich als stark bearbeitet, da die Ränder der einzelnen Globensegmente im Gegensatz zu den anderen bislang genannten Drucken hier sehr dünn sind.

### Der Weg nach Vaduz

Kurz vor dem Ende des Zweiten Weltkriegs begann das Haus Liechtenstein, seine Kunstsammlung aus dem durch Kriegshandlungen gefährdeten Wien zu verlagern. Fürst Franz Josef II. (1906–1989) hatte bereits 1938 seinen Wohnsitz nach Vaduz verlegt. Die in Wien beheimatete

[27] Joseph Fischer / Franz von Wieser, The *cosmographiae introductio* of Martin Waldseemüller in Facsimile. Followed by the four voyages of Amerigo Vespucci, with their Translation into English; to which are added Waldseemüller's Two World Maps of 1507, New York 1907.

[28] Fischer / Wieser, The *cosmographiae introductio*, S. 24 und Tafel II, nach S. 103, im Abbildungsverhältnis 2:3. Eine stark verkleinerte Abbildung des Hauslab-Liechtenstein-Exemplars bei Franz von Wieser, Die *Cosmographiae introductio* des Martin Waldseemüller (Ilacomilus) in Faksimiledruck, Straßburg 1907, S. 7.

[29] Leo Bagrow, Die Geschichte der Kartographie: mit 228 Wiedergaben von Karten auf 8 Farbtafeln, 112 Kunstdrucktafeln und im Text 1435 Namen und Daten von Kartographen, Berlin 1951. Die Abbildung der Globensegmente befindet sich auf S. 106; zur Geschichte der Publikation S. 376. Für einen Vergleich der Abbildungen kann dieses Werk aufgrund der schlechten Druckqualität nicht herangezogen werden.

Kunstsammlung wurde 1944 in das Fürstliche Schloss nach Vaduz verbracht. Die Grafiksammlung, die bis dahin in dem in Mähren gelegenen Schloss Feldsberg/Valtice nahe der Grenze zu Niederösterreich gelagert war, wurde ebenfalls 1944/45 nach Vaduz transportiert. Mindestens 60 Mappen der Hauslab-Sammlung trafen am 22. Dezember 1944 dort ein.[30] Auch ein umfangreicher Buchbestand von etwa 20 000 Bänden konnte nach Kriegsende aus dem besetzten Wiener Palais Liechtenstein nach Vaduz gebracht werden. Gemäß dem Ausfuhrbescheid hätte zumindest der Kunstsammlungsbestand bis Ende 1947 nach Wien zurückgeführt werden müssen, was allerdings, auch in Hinblick auf die politische Situation in Österreich, nicht erfolgte. In Vaduz wurden die Graphische Sammlung und die Kartensammlung als eigene Einheiten behandelt.[31]

Bereits in den ersten Nachkriegsjahren begann Fürst Franz Josef II. mit dem Verkauf von Teilen seiner Kunstsammlungen.[32] 1947 beauftragte er den Schweizer Grafikspezialisten und Kunsthändler August Klipstein (1885–1951)[33] mit der Schätzung des gesamten Grafikbestands. Dieser umfasste die Drucke der Hauslab-Sammlung, dazu die umfangreiche »Feldsberg-Sammlung«, weitere Handzeichnungen und zeitgenössische Grafikblätter. Klipstein schätzte in seinem Ab-

[30] Franz Smola, Die Fürstlich Liechtenstein'sche Kunstsammlung. Rechtsfragen zur Verbringung der Sammlung von Wien nach Vaduz in den Jahren 1944/45, Frankfurt/Main 1999, S. 48–50. Fürst Franz Josef II. hatte Anfang September 1944 bei den deutschen Behörden einen Ausfuhrantrag über die Kunstsachen »öffentlichen Charakters«, also den Bestand der Liechtenstein'schen Gemäldegalerie in Wien, und über Kunstsachen »privaten Charakters«, darunter die mit 100 000 Stück angegebene Kupferstichsammlung, gestellt. Diese Sammlung befand sich zu diesem Zeitpunkt bereits auf den Schlössern des Fürsten im sogenannten Sudetengau und im Gau Niederdonau, also in der Slowakei und in Niederösterreich. Im Oktober 1944 erhielt der Fürst zunächst die Erlaubnis, die Kunstsachen »privaten Charakters« nach Liechtenstein auszuführen, vgl. Fürstentum Liechtenstein, Landesarchiv LI LA RF 226/069/005; zitiert nach URL: www.e-archiv.li/D41468 [14.5.2018]. Ein Bericht eines Beteiligten, hauptsächlich zur Verlagerung der Gemäldegalerie, abgedruckt in Johann Kräftner (Hg.), Gustav Wilhelm. Der Weg der Liechtenstein-Galerie von Wien nach Vaduz, München 2005. Zur Hauslab-Sammlung vgl. Wien, Hausarchiv Liechtenstein, S. 2147.

[31] Hans P. Kraus, Die Saga von den kostbaren Büchern, Zürich 1982 (Originalausgabe: A rare book saga. The autobiography of H. P. Kraus, New York 1978), S. 184f. und 396. Die Kartensammlung war in einem eigenen Raum im Schloss in Vaduz aufgestellt.

[32] Zur Verkaufspolitik des Hauses Liechtenstein in den Nachkriegsjahren vgl. Johann Kräftner (Hg.), Der Fürst als Sammler. Neuerwerbungen unter Hans-Adam II. von und zu Liechtenstein; Liechtenstein Museum Wien; [... anlässlich der Ausstellung »Der Fürst als Sammler. Neuerwerbungen unter Hans-Adam II. von und zu Liechtenstein« im Liechtenstein Museum vom 12. Februar bis 24. August 2010], Wien 2010, S. 10.

[33] Zu Klipstein vgl. Marc Fehlmann, Eberhard W. Kornfeld und der Kunsthandel in Bern, in: Bernische Zeitschrift für Geschichte 3 (2011), S. 3–43, hier S. 5–11.

schlussbericht vom Januar 1948 den Gesamtwert auf fast 2,4 Millionen Schweizer Franken.[34] Auf der Grundlage dieser Zahlen übertrug der Fürst dem Züricher Kunsthändler Walter Feilchenfeldt (1894–1953) die Organisation des Verkaufs der Altmeisterzeichnungen und einer größeren Anzahl von Grafiken.[35]

Im Juni 1948 waren diesbezügliche Nachrichten an das Bundesdenkmalamt in Wien gelangt. Hier befürchtete man, dass durch den Verkauf der Grafiken ein Präjudiz für die weiteren Teile der Kunstsammlungen geschaffen würde. In Verhandlungen der österreichischen Behörden mit dem Haus Liechtenstein in Vaduz wurde klargestellt, dass der Grafikbestand zum frei veräußerlichen Eigentum des Fürsten gehöre und damit nicht dem Unterschutzstellungsbescheid vom 1. Oktober 1938 unterliege, der die Sammlungen im Gartenpalais der Wiener Rossau umfasste. Nach Auskunft Feilchenfeldts an die Wiener Behörden waren Ende 1948 »kaum mehr Grafiken zum Verkauf vorhanden«. Die Blätter seien auch nicht einzeln, sondern in Konvoluten in den Verkauf gelangt.[36]

Fürst Franz Josef II. arbeitete bei diesem Verkauf mit mehreren Kunsthändlern zusammen. Neben Feilchenfeldt war Richard H. Zinser beteiligt, der wiederum mit der Londoner Kunsthandlung Colnaghi kooperierte. Der Verkauf erfolgte dabei in mehreren Tranchen, da Zinser mit dem Verkaufserlös einer Tranche jeweils die nächste bezahlte.[37]

[34] Wien, Hausarchiv Liechtenstein S 2147, vom 22.1.1948 und detaillierte Aufstellung in HA 2461 vom Januar 1948.

[35] Zum Verkauf auch das Vorwort von Marianne Feilchenfeldt, 25 Jahre Feilchenfeldt in Zürich 1948–1973, Zürich 1973, und Marianne Feilchenfeldt Breslauer, Bilder meines Lebens. Erinnerungen, Wädenswil 2009, S. 201f. Zu den Einzelheiten des Verkaufs vgl. auch die Aktualisierung des Handbuchs von Frits Lugt über die Sammlermarken bei Zeichnungen und Drucken, URL: http://www.marquesdecollections.fr/print.cfm?marque=11913 [12.2.2019].

[36] Smola, Die Fürstlich Liechtenstein'sche Kunstsammlung, S. 50 und S. 227–229, Zitat auf S. 228 Anm. 469. Hier wird der Schweizer Kunsthandel angegeben und explizit der Züricher Kunsthändler Dr. Walter Feilchenfeldt genannt. Ebenfalls zu Beginn der 1950er-Jahre verkaufte der Fürst Teile seiner Gemäldesammlung, die zum Bestand der ehemaligen Wiener Liechtensteinsammlung zählten. Hier war eine Wiener Kunsthandlung beteiligt, vgl. Smola, Die Fürstlich Liechtenstein'sche Kunstsammlung, S. 50–52.

[37] Zum Ankauf der Liechtenstein-Drucke durch Colnaghi und die Zusammenarbeit mit Richard Zinser vgl. auch das vom Cleveland Museum of Art zusammengestellte Dossier zu einer Ausstellung über Antonio del Pollaiuolo, Kampf der nackten Männer, URL: http://www.clevelandart.org/exhibcef/battle/html/7290533.html [12.2.2019]. Dazu auch URL: http://www.britishmuseum.org/research/search_the_collection_database/term_details.aspx?bioId=99 [12.2.2019]: »Partner with Colnaghi in the purchase of the Liechtenstein print collection in the early 1950s; he took the most important prints for sale in the USA to get the foreign currency that allowed the purchase of the next tranche of the collection. These prints were marked with his FL and shield stamp.« Das Metropolitan Museum of Art erwarb zwischen 1949 und 1952 17 000 Stiche aus der Liechtenstein-Samm-

Richard Zinser (3.11.1884–30.10.1984) war gebürtiger Stuttgarter. Sein Vater Karl Zinser (1844–1933/34), vom jüdischen Glauben zum Protestantismus übergetreten[38], war Juwelier, seit 1900 königlicher Hoflieferant und seit 1910 Hofjuwelier.[39] Richard Zinser machte zunächst bei seinem Vater eine Ausbildung zum Juwelier und Goldschmied und vertiefte seine beruflichen Kenntnisse ab 1906 bei Tiffany in Amerika. Bereits zu dieser Zeit handelte er gelegentlich mit Grafiken.[40] Sein Vater und er hätten lange Jahre die Betreuung der württembergischen Kronjuwelen inne gehabt und Verkäufe der Privatobjekte des Hauses Württemberg durchgeführt, so Richard Zinser 1950 in einer Referenz.[41] Nach der Rückkehr aus dem Ersten Weltkrieg als hochdekorierter Offizier trat Zinser zunächst in die Firma seines Vaters ein.[42] Die ausgedehnte Reisetätigkeit in den 1920er-Jahren[43] lässt vermuten, dass in dieser Zeit der Kunsthandel sein Haupterwerbs-

lung. Ein Beispiel ist der Wenzel-Hollar-Stich aus einem Totentanzzyklus (The Elisha Whittelsey Collection, The Elisha Whittelsey Fund, 1951/MET Museum NYC) mit den Vorbesitzern Gustav Mayer und Fürstlich Liechtenstein'sche Sammlung, erworben von Colnaghi, URL: https://www.alamy.com/stock-photo-the-miser-from-the-dance-of-death-seriesportfolio-dance-of-death-after-168268764.html [12.2.2019]. Bereits im April 1949 verkaufte Zinser aus dem Liechtenstein-Bestand ein Blatt an das Museum of Fine Arts Boston weiter, URL: https://www.mfa.org/collections/object/a-stag-browsing-157571 [12.2.2019].

38 »Zinser stammt aus einer schon länger protestantisch getauften jüdischen Familie«, so Herzog Philipp von Württemberg (1893–1975) an Fürst Franz Josef von Liechtenstein, Wien, Hausarchiv Liechtenstein S 3349, 21.12.1949.

39 Landesarchiv Baden-Württemberg, Staatsarchiv Ludwigsburg F 215 Bü 157, 404, 505, 601 und E 21 Bü 472. Vgl. Matthias Vollmer, Der königlich württembergische Hofjuwelier Eduard Foehr, in: Orden und Ehrenzeichen 10 (2008) Nr. 53, S. 2–7, hier S. 4; Matthias Vollmer, Der königlich württembergische Hofjuwelier Carl Zinser, in: Orden und Ehrenzeichen 10 (2008) Nr. 54, S. 90–95, hier S. 90; Eberhard Fritz, Württembergische Hoflieferanten und Hofhandwerker 1850–1918, URL: https://archiv-altshausen.de.tl/W.ue.rttembergische-Hoflieferanten-1850_1918.htm [12.2.2019]. Die Angaben aus der kurzen Biografie bei Nicholas Stogdon, A Descriptive Catalogue of the Etchings by Rembrandt in a Private Collection, Switzerland, o.O. 2001, S. 377-378, der ihn als »the most important figure in the print market of his period« einschätzt.

40 Vollmer, Zinser, S. 91f., und Wien, Hausarchiv Liechtenstein S 3349, 9.1.1950, Zinser an Wilhelm. Vgl. Stogdon, A Descriptive Catalogue, S. 377.

41 Wien, Hausarchiv Liechtenstein S 3349, 3.2.1950, Zinser an Wilhelm.

42 Zinser war seit der Zeit des Ersten Weltkriegs mit dem Maler Hans Purrmann befreundet. Purrmann berichtete von den höchst qualitätvollen Kunstwerken im Haus der Eltern von Richard Zinser in Stuttgart, vgl. Barbara und Erhard Göpel (Hg.), Leben und Meinungen des Malers Hans Purrmann. Anhand seiner Erzählungen, Schriften und Briefe zusammengestellt von Barbara und Erhard Göpel, Wiesbaden 1961, S. 156f., 184, 242, 302f.

43 Vollmer, Zinser, S. 94. Zinser sammelte auch Münzen und war in Stuttgart bis zu seiner Emigration Mitglied eines numismatischen Vereins, Wolfgang Fischer-Bossert, The Athenian Decadrachm (Numismatic Notes and Monographs 168), New York 2008, S. 72.

*Richard Zinser (1884–1984), Kunsthändler (links im Bild).*
*Entnommen aus: Wer ist wer im Kunsthandel, in: DU. Kulturelle Monatszeitschrift 19 (1959) Heft 10, S. 54.*
*Bayerische Staatsbibliothek München*

zweig wurde. Auch in der Zwischenkriegszeit und nach dem Zweiten Weltkrieg pflegte er seine Kontakte zu den württembergischen Adelshäusern, so zur Familie Waldburg-Wolfegg[44], und konnte mehrfach Verkaufsaktionen durchführen. 1930 wurde er in Ägypten beim Ankauf einer Handschrift mit Miniaturen aus dem persischen Raum, die aus dem 17. Jahrhundert stammen sollte, vom Verkäufer betrogen und ging gegen den überhöhten Kaufpreis gerichtlich vor.[45] Zinser bezeichnete sich 1950 als Juwelier, der erst über seine Verbindungen mit Richard Gutekunst (1870–1961) in Stuttgart und London zum Kunsthändler geworden sei.[46]

Zinser muss sich in der Zwischenkriegszeit schon intensiver mit dem Handel von Grafiken beschäftigt haben. In den Katalogen von Gutekunst & Klipstein sind mehrere bedeutende Ankäufe aufgeführt. Er wird als wichtiger Auftraggeber von Carl Schweidler[47] genannt, der zu dieser Zeit einen überregionalen Ruf als Papierrestaurator genoss.

44 Wien, Hausarchiv Liechtenstein S 3349, 3.2.1950, Zinser über einen Besuch 1949 bei Graf Johannes von Waldburg-Wolfegg.

45 Albrecht Fueß, Die deutsche Gemeinde in Ägypten von 1919–1939 (Hamburger Islamwissenschaftliche und Turkologische Arbeiten und Texte 8), Hamburg 1996, S. 87.

46 Wien, Hausarchiv Liechtenstein S 3349, 3.2.1950, Zinser an Wilhelm. Der in Stuttgart geborene Richard Gutekunst, einer der bekanntesten Grafikhändler seiner Zeit, war bis 1914 in London als Kunsthändler tätig und gründete 1919 zusammen mit August Klipstein eine Firma in Bern, vgl. Eberhard W. Kornfeld, Kunstwerke. 1864–1977. 112,5 Jahre seit der Gründung des Hauses H.G. Gutekunst. H.G. u. Richard Gutekunst, Stuttgart u. London, 1864–1919, Gutekunst u. Klipstein, Bern, 1919–1951, Kornfeld u. Klipstein, Bern, seit 1951. 112.5 Kunstwerke von 1440 bis zur Gegenwart, Bern 1977, Einleitung (ohne Seitenzahlen), und Zum 90-jährigen Jubiläum der Gründung des Hauses H. G. Gutekunst, Bern 1954, S. 17–21.

47 Vgl. Stogdon, A Descriptive Catalogue, S. 377, mit dem Beispiel eines Ankaufs zum Rekordpreis von 55 000 Dollar. Zu Schweidler vgl. Erhard Göpel, Nur ein Handwerker? Zum Tod des Kupferstichrestaurators Carl Schweidler, in: Weltkunst 32 (1962) Heft 4, S. 7–8, hier S. 7.

Richard Zinser verließ Deutschland 1937[48] und emigrierte zunächst nach Frankreich und dann nach Amerika.[49] Zu den Motiven der Emigration wurde auch angeführt: »Although he was not Jewish, it was partly because of his undisguised opinion of the National Socialists.« Zinser äußerte sich selbst 1950 zum Verlauf seiner Emigration: »Nachdem ich bei Weggang vom 3ten Reich so gut wie alles einbuessen musste, da mir als Nichtjuden eine regulaere Auswanderung absolut unmoeglich geworden waere, ich also mit Frau und Kind nur den harten Entschluss fassen konnte einfach zu gehen und alles im Stich zu lassen.« Demgegenüber schrieb Herzog Philipp von Württemberg an Fürst Franz Josef von Liechtenstein: »Zinser wurde in der Nazizeit wegen seiner Abstammung verfolgt und ging daher nach Amerika.« Bis zum Ausbruch des Zweiten Weltkriegs erhielt Zinser seine europäischen Kontakte aufrecht.[50] Nach 1945 war Zinser, der New Yorker Kunsthändler mit ausgesprochen schwäbischem Akzent und unfehlbarem Qualitätssinn[51], wieder regelmäßig auf dem europäischen Kunstmarkt vertreten. In einer kleinen 1959 erschienenen Übersicht über bedeutende Persönlichkeiten des europäischen Kunsthandels firmierte Richard Zinser zusammen mit Julius Böhler und Roman Norbert Ketterer unter den deutschen Protagonisten.[52]

[48] Vollmer, Zinser, S. 94. Demnach wanderte Zinser am 1.7.1937 nach Frankreich aus; die Carl Zinser Goldwarenhandlung wurde im Mai 1938 vom Gewerbesteueramt abgemeldet und im Juni 1939 aus dem Handelsregister zwangsgelöscht.

[49] Vgl. Stogdon, A Descriptive Catalogue, S. 377; Wien, Hausarchiv Liechtenstein S 3349, 3.2.1950, Zinser an Wilhelm; Wien, Hausarchiv Liechtenstein S 3349, 21.12.1949, Herzog Philipp von Württemberg an Fürst Franz Josef von Liechtenstein.

[50] Noch im Sommer 1939 nahm Zinser an einer Auktion bei Gutekunst & Klipstein in Bern teil, vgl. Kornfeld, Kunstwerke, Einleitung (ohne Seitenzahlen).

[51] So die Beschreibung von Erhard Göpel in der Besprechung einer Auktion bei Klipstein & Kornfeld in Bern im Juni 1959 in: Weltkunst 29 (1959) Nr. 13, S. 19f. Vgl. Erhard Göpel, Hans Purrmann in Montagnola, in: Das Werk: Architektur und Kunst 50 (1963), S. 338–340. Vgl. auch das Urteil von Bernhard M. Rosenthal in einem Vortrag von 1986 über nach Amerika emigrierte Buchhändler der 1930er- und 1940er-Jahre über den Grafikspezialisten Zinser: »On first meeting him, one would hardly suspect that this somewhat uncouth and outspoken man with an almost comically heavy Schwabisch accent, was perhaps the greatest, most sensitive expert in his field. He never issued a catalog, he never had a shop.«, URL: http://ihl.enssib.fr/the-gentle-invasion [12.2.2019].

[52] Wer ist wer im Kunsthandel, in: DU. Kulturelle Monatszeitschrift 19 (1959) Heft 10, S. 52–55, hier S. 54. Weitere Beispiele seiner Tätigkeit im Grafikhandel 1954 und 1955 bei Kornfeld, Kunstwerke, Einleitung (ohne Seitenzahlen).

Mit Hans P. Kraus[53] trat ein weiterer aufsteigender Stern unter den Kunsthändlern auf den Plan. Der 1907 in Wien geborene Kraus war zunächst für Verlage in Leipzig und Berlin tätig und eröffnete 1932 eine eigene Antiquariatsbuchhandlung. Nach dem »Anschluss« Österreichs an Deutschland wurde er von einem seiner Mitarbeiter bei der Gestapo angezeigt und in der Folge in die Konzentrationslager Dachau und Buchenwald verschleppt. Kurz vor Kriegsausbruch gelang ihm die Ausreise nach Schweden und im Oktober 1939 erreichte er die USA. 1940 heiratete er Hanni Zucker und baute sich in New York eine neue Existenz im Antiquariatsbuchhandel auf.

Für Kraus war die Liechtenstein-Verbindung ein wichtiger Meilenstein in seiner Karriere als Kunsthändler und Antiquar. Zumindest widmete er dieser Geschäftsbeziehung in seiner Autobiografie zwei Kapitel. Seit Sommer 1948 stand er mit dem Fürstenhaus in Kontakt, um aus dessen Bibliothek illuminierte Handschriften zu erwerben. Noch im selben Jahr kaufte er weitere Handschriften. 1949 konnte Kraus einen Bestand von etwa 20 000 Bänden erwerben, der kurz zuvor aus Wien nach Vaduz gebracht worden war. Der Inkunabel-Anteil der Bibliothek war zu seinem Leidwesen allerdings bereits vorher verkauft worden. Trotzdem konnte Kraus mit den wertvollsten Bänden zwei eigene Verkaufskataloge füllen.[54]

### Verkaufsversuche

Ebenfalls noch im Frühjahr 1949 wurde Kraus ein weiteres »Filetstück« der Fürstlichen Sammlungen angeboten. Es handelte sich um die gesamte Kartensammlung des Fürsten, die im Wesentlichen auf der 1883 angekauften Hauslab-Sammlung beruhte. Darunter befand sich gemäß

[53] Vgl. seine Autobiografie, Kraus, Saga, S. 181–188, das Kapitel trägt den Titel: Ein altes Fürstenhaus verkauft seine Bibliothek, und S. 396–400 über seine Kartenankäufe. Zu den Anfängen von Kraus in Wien vgl. Georg Hupfer, Zur Geschichte des antiquarischen Buchhandels in Wien, Wien 2003, S. 290f., und Walter Mentzel, Die »Antiquariats- und Exportbuchhandlung Alfred Wolf« – ehemals Hans Peter Kraus und Leo Weiser. Die Geschichte eines Raubunternehmens, in: Regine Dehnel (Hg.), NS-Raubgut in Museen, Bibliotheken und Archiven. Viertes Hannoversches Symposium (Zeitschrift für Bibliothekswesen und Bibliographie, Sonderband 108), Frankfurt/Main 2012, S. 441–454; zusammenfassend der Artikel über Hans P. Kraus bei Ernst Fischer, Verleger, Buchhändler und Antiquare aus Deutschland und Österreich in der Emigration nach 1933: ein biographisches Handbuch, Elbingen 2011, S. 176–178.

[54] Kraus, Saga, S. 181–188. Es handelt sich um seine Kataloge Nr. 56, Choice Manuscripts, Books, Maps and Globes important for the History of European Civilization and the Discovery of America. With 40 plates and 15 illustrations, New York 1951, und Nr. 66, A Myrrour of four Centuries. The Growth of Western Civilisation reflected in Illustrated Books from the 15th to the 18th century originating for the most part from the Prince Liechtenstein Library, New York 1954.

*Hans Peter Kraus (1907–1988), Buchhändler und Antiquar.*
*Entnommen aus: Hans P. Kraus, A rare book saga. The autobiography of H. P. Kraus, New York 1978.*
*Bayerische Staatsbibliothek München*

den Inventarverzeichnissen auch das damals einzige bekannte Exemplar der Globensegmente Martin Waldseemüllers mit der ersten Nennung Amerikas. Kraus gelang es zwar, die gesamte Kartensammlung zu erwerben.[55] Wie er später in seiner Autobiografie schrieb, war jedoch zu seinem großen Bedauern das Blatt mit den Globensegmenten, das zweifellos wertvollste Stück des Bestands, für ihn nicht verfügbar.[56]

Warum das Blatt mit den Globensegmenten nicht in den Verkauf des Kartenbestands eingeschlossen war, lässt sich nun aufgrund des eingangs erwähnten Aktenmaterials aus dem Wiener Hausarchiv Liechtenstein[57] rekonstruieren. Kraus erhielt demzufolge vom Verkäufer die Auskunft, das Blatt sei noch unter Fürst Johann II. (1840–1929) mit einem bedeutenden Teil der Sammlung an geografische Institute verschenkt worden. Es handelt sich hier wahrscheinlich um eine Verwechslung mit der Abgabe einer größeren Anzahl von Doubletten aus dem Hauslab-Kartenbestand, die vor 1918 dem k. k. Kriegsministerium übergeben worden waren.[58] Das Hauslab-Exemplar der Globensegmente galt deshalb 1949 als nicht mehr vorhanden.

Als der Direktor der Fürstlichen Sammlungen, Dr. Gustav Wilhelm (1908–1995)[59], im Dezember 1949 bei einem Besuch in Wien den dienstlichen Nachlass des langjährigen Bibliothekars des Fürstenhauses sichtete, fand er jedoch dieses Blatt. Wann und wie es in die Unterlagen des Bibliothekars gekommen war, konnte nach Aussage Wilhelms nicht mehr ermittelt werden. Für Kraus aber kam dieser Fund um wenige Monate zu spät.

Fürst Franz Josef II. und sein Sammlungsdirektor Wilhelm beschlossen noch im Dezember 1949, den Verkauf des neu aufgefundenen Blattes selbst zu organisieren. Laut Wilhelm habe sich das Fürstenhaus aber dagegen entschieden, die Karte nachträglich Kraus anzubieten, da man bei früheren Verkäufen von wertvollen Büchern und Handschriften keine guten Erfahrungen mit ihm gemacht habe. Der Verkauf sollte deshalb über die Bühne gehen, ohne dass Kraus vorher davon erfahre.[60]

[55] Zu den Verkäufen der einzelnen Teile dieser Sammlung durch Kraus vgl. Ristow, The Hauslab-Liechtenstein map collection, S. 125–129. Der Großteil des Bestands befindet sich heute in der Library of Congress in Washington.

[56] Kraus, Saga, S. 367.

[57] Wien, Hausarchiv Liechtenstein S 3349 dokumentiert minutiös im Zeitraum 1949 bis 1955 die Korrespondenz zum Verkauf des Blatts der Globensegmente.

[58] Wien, Hausarchiv Liechtenstein HA 2049.1.

[59] Biografische Anmerkungen bei Kräftner (Hg.), Gustav Wilhelm. Der Weg der Liechtenstein-Galerie, S. 5.

[60] Die gesamte Geschichte des Wiederauffindens der Globensegmente in einem Schreiben von Wilhelm an Richard Zinser, Wien, Hausarchiv Liechtenstein S 3349, 18.1.1950.

*Gustav Wilhelm (1908–1995), Direktor der fürstlich-liechtensteinischen Kunstsammlungen und der Kabinettskanzlei.*
*Fürstentum Liechtenstein*

Ob diese Geschichte der wundersamen Wiederauffindung der Globensegmente, wie sie Gustav Wilhelm in einem Brief an Richard Zinser wiedergibt, in allen Einzelheiten zutrifft, mag dahingestellt bleiben. Auch kann das Verhältnis zu Kraus so schlecht nicht gewesen sein, da das Fürstenhaus in den folgenden Jahren weiterhin für beide Seiten einträgliche Geschäftsverbindungen mit dem Buchhändler pflegte.[61] Der tiefere Grund für das Ausbooten von Hans P. Kraus dürfte darin gelegen haben, dass man in Vaduz mit dem Verkauf des Blattes der Globensegmente das große Geld vermutete und deshalb einen international erfahrenen Kunsthändler mit besten Kontakten suchte. Und mit Richard H. Zinser fanden Fürst Franz Josef II. und sein Sammlungsdirektor Wilhelm diesen Mann.

Nachdem die Einholung von Referenzen durch den Fürsten sehr positive Rückmeldungen[62] ergeben hatte, nahm Sammlungsdirektor Wilhelm

[61] So zeigte Kraus Mitte Dezember 1949 Interesse am Ankauf bestimmter Inkunabeln, Wien, Hausarchiv Liechtenstein 1550, 15.12.1949, Feilchenfeldt an Wilhelm; hier auch die Korrespondenz zu weiteren Inkunabel-Ankäufen im März 1950. Auch im November 1951 musste Wilhelm anerkennen, dass bei Grafikverkäufen das Fürstentum mit Kraus einen guten Abschluss gemacht habe, da dieser den vollen Schätzpreis bezahlt habe, Wien, Hausarchiv Liechtenstein S 4851, 10.11.1951.

[62] Fürst Franz Josef informierte sich bei Philipp Herzog von Württemberg und dessen Bruder Carl Alexander Herzog von Württemberg [Pater Odo OSB (1896–1964)]; Letzterer schrieb: »Als Kunsthändler hat er in Amerika wie auch in London den allerbesten Namen. In Amerika gilt er als die große Kanone im hochwertigen

am 4. Januar 1950 mit Zinser ersten Kontakt auf. Am 18. Januar informierte er Zinser, dass es sich bei dem zu verkaufenden Stück um das bekannte Hauslab-Blatt der Globensegmente handle und dass eine Schätzung des Werts von einer Million Schweizer Franken (ca. 220 000 US-Dollar) im Raum stehe, aber Zinser werde sicher am besten wissen, welcher Preis zu erreichen sei.[63] In mehreren ausführlichen Antwortschreiben schätzte Zinser den Verkaufswert allerdings nur auf höchstens 50 000 Dollar und auch diese Summe nur bei einem einwandfreien Erhaltungszustand. Er erklärte seinen Partnern unmissverständlich, dass der Wert der Globensegmente nicht in ihrer wissenschaftlichen Bedeutung, sondern allein in der Tatsache der historisch ersten Nennung des Namens »America« bestünde.[64]

Richard Zinser zeigt sich in der Korrespondenz als ausgewiesener Kenner der verschiedenen Waldseemüller-Karten und ihrer Überlieferung.[65] Wie eingangs beschrieben, war seit den Forschungen von Wieser und Fischer bekannt, dass sich im Besitz der Grafen Waldburg-Wolfegg auf Schloss Wolfegg in Oberschwaben die große Waldseemüller-Karte von 1507 mit der Nennung Amerikas befand. Dieses bislang einzige Exemplar war, wie erwähnt, ein Druck von zwölf Druckstöcken und hatte die imposanten Maße von 128 x 233 cm. Dem Kunsthändler war dieses Wolfegg-Exemplar wohl vertraut, da er bereits 1934 in einen, letztlich gescheiterten, Verkaufsversuch von Fürst Maximilian von Waldburg-Wolfegg-Waldsee eingebunden gewesen war.[66] Zinser sah deshalb für das Liechtensteiner Exemplar gute – wenngleich unter den Erwartungen des Fürsten liegende – Verkaufsaussichten, da ja die große Karte selbst nicht verkäuflich war.

Kunsthandel« und übermittelte die New Yorker Adresse von Zinser, Wien, Hausarchiv Liechtenstein S 3349, Briefe vom 15.12.1949, 21.12.1949 und 31.12.1949. Vgl. Stogdon, A Descriptive Catalogue, S. 377f., »whatever the state of his finances in the early 1940s, they seem to have revived rapidly as by 1948 Zinser was paying the top prices at sales.«

63 Wien, Hausarchiv Liechtenstein S 3349, 4.1.1950 und 18.1.1950.

64 Wien, Hausarchiv Liechtenstein S 3349, 2.2. und 3.2.1950. Um seine potenziellen Liechtensteiner Auftraggeber zu beeindrucken, nannte Zinser neben den Grafen von Waldburg eine Reihe von hochrangigen Mitgliedern des ehemaligen Württemberger Königshauses, für die er bereits erfolgreich gearbeitet habe.

65 Er erkundigte sich auch bei Wilhelm, ob in Liechtenstein die *Cosmographia* von Waldseemüller vorhanden sei, Wien, Hausarchiv Liechtenstein S 3349, 14.2.1950.

66 Nach Angaben Zinsers sollte 1934 die große Karte nach Amerika an einen in der Korrespondenz nicht genannten Käufer für 125 000 Dollar verkauft werden. »Es war uns auch gelungen, dieses einzigartige Kartenwerk von der Sperrliste wegzubringen, weil eben damals Herr Dr. Schacht [Hjalmar Schacht (1877–1970), Reichswirtschaftsminister, W. J.] vor allem Devisen sehen wollte, um die unseligen Unternehmungen seines Fuehrers zu fondieren.« Der Verkauf scheiterte, da Fürst Maximilian dann doch nicht verkaufen wollte. Wien, Hausarchiv Liechtenstein S 3349, 3.2.1950, Zinser an Wilhelm.

Viel wichtiger war für ihn aber die Frage nach dem Zustand des Blattes mit den Globensegmenten. Diese sollte während des gesamten Verkaufsprozesses eine bestimmende Rolle spielen. Nach Angaben von Wilhelm sei das Papier »etwas vergilbt und verschmutzt, im 4. Segment von rechts kommt oben ein Wurmloch vor. Das Blatt hat oben einen geklebten Einriss, der das 6. Segment von rechts erreicht. Als Wasserzeichen ist deutlich der Ochsenkopf mit Schlangenstab zu erkennen. Die Abbildung bei Fischer-Wieser, S. 14 zeigt das Blatt in ca. 2/3 Verkleinerung, das Original ist aber bedeutend klarer und schärfer«.[67] Zinser sah in der Füllung des Wurmlochs kein Problem, »dagegen muesste ich unter allen Umstaenden den vergilbten Zustand auffrischen oder wenigstens abschwaechen lassen, das kann mir aber nur ein einziger Mann machen, der aber zu solcher Arbeit etwas Zeit braucht«. Auch über die von ihm erworbenen Grafiken aus dem Liechtenstein-Besitz[68] schrieb Zinser im selben Brief, dass »sehr viel derart defect war, dass ich auch da Ueberholungen vornehmen lassen musste«, da sonst die amerikanischen Museen den Ankauf ablehnten. Wenn aber nun andere Kunsthändler der Meinung seien, »dass die Blätter r e p a r i e r t [im Original gesperrt, W. J.] seien«, dann gerate er unter Preisdruck. Deshalb forderte Zinser Wilhelm auf, »die Globuskarte in ihrem jetzigen Zustand absolut NIEMANDEN [im Original in Großbuchstaben, W. J.] vorzuzeigen, da mich nach besagter Behandlung ein solches eventuelles Zeugnis anderer in große Verlegenheit bringen muesste und mich bei Preisforderung unbedingt schaedigen koennte«.[69] Die Aufforderung Zinsers an seinen Liechtensteiner Geschäftspartner, absolutes Stillschweigen über die Angelegenheit zu wahren, zieht sich wie ein roter Faden durch die gesamte Korrespondenz.

Als Verkaufstermin hatte Zinser den Herbst 1950 ins Gespräch gebracht, da ihm ein Verkauf bis zum Ende der Frühjahrsauktionen Mitte Mai zu überhastet erschien. Da das Fürstenhaus aber an einem schnellen Verkauf interessiert war, reiste Zinser kurzfristig nach Europa und traf sich Anfang März 1950 in Vaduz mit seinen Auftraggebern. Am 2. März wurde er beauftragt, das Blatt zu einem Mindestpreis von 50 000 Dollar gegen eine Kommission von fünf Prozent

67 Wien, Hausarchiv Liechtenstein S 3349, 8.2.1950.

68 In einem zusammenfassenden Schreiben vom 22.1.1948 an Wilhelm hatte schon Klipstein deutlich darauf hingewiesen, dass viele Blätter aus dem Liechtenstein-Bestand sehr restaurierungsbedürftig seien und dass die amerikanischen Museen in dieser Hinsicht besonders empfindlich seien und nur einwandfreie Ware gut bezahlen würden, Wien, Hausarchiv Liechtenstein S 2147.

69 Wien, Hausarchiv Liechtenstein S 3349, 13.2.1950. Von den Maßen des Liechtensteiner Blattes war Zinser anfangs enttäuscht, da ihm die Größe der Wolfegger Karte bekannt war. Positiv merkte er an, dass die Globensegmente nicht ausgeschnitten seien und kein anderes Exemplar bekannt sei, Wien, Hausarchiv Liechtenstein S 3349, 15.2.1950.

des Verkaufspreises zu veräußern. Sollte ein direkter Verkauf nicht möglich sein, käme auch eine Auktion in Frage. Am selben Tag erhielt Richard Zinser das Blatt mit den Globensegmenten ausgehändigt.[70] Nach einigen Tagen Aufenthalt in Süddeutschland flog er am 8. März nach London, um sich dort mit dem von ihm ins Auge gefassten Restaurator zu treffen und diesem die Karte zur Restaurierung zu übergeben. Der Name des Restaurators erscheint zu diesem Zeitpunkt nicht im Briefwechsel zwischen Zinser und Wilhelm.

Spätestens mit der Übernahme durch Zinser hatte das Blatt auf der Rückseite den Besitzerstempel des Fürstentums Liechtenstein erhalten.[71] Aufgrund der Forschungen des Cleveland Museum of Art wurde die These aufgestellt, dass nur die über Colnaghi und Zinser seit 1948 für Amerika bestimmten Drucke dieses Zeichen tragen würden, da sich in den Liechtenstein-Ankäufen des British Museum kein Stempel findet.[72] Diese Theorie ist sicher nachvollziehbar[73], doch wichtiger war für Zinser als erfahrenen Verkäufer die Marke der Hauslab-Sammlung, wie er an Wilhelm schrieb, »denn wenn der Globus [i. e. das Blatt mit den Globensegmenten (W. J.)] nicht gestempelt ist, so muesste das unbedingt geschehen, es erleichtert ganz wesentlich meine Verhandlungen«.[74] Für Zinser als Grafikspezialist war natürlich das Vorhandensein eines Besitzerstempels ein wichtiges Kriterium, das allerdings im Landkartenbereich eher selten ist. Er hätte offensichtlich auch kein Problem damit gehabt, den Stempel eines längst verstorbenen Vorbesitzers nachträglich anbringen zu lassen, um damit die Verkaufschancen zu erhöhen. In der später erstellten Auktionsbeschreibung wird nur der Stempel des Fürstentums Liechtenstein auf der Rückseite des Blattes erwähnt, da von Hauslab kein Stempel vorlag. Die unbestrittene Hauslab-Provenienz wurde deshalb mit einem Exlibris der Hauslab-Bibliothek, »Ex bibliotheca F(eld)Z(eug)M(eister) Hauslab«, dokumentiert. Das Exlibris, prominent auf

70 Wien, Hausarchiv Liechtenstein S 3349, 2.3.1950 mit Unterschrift Zinsers für die Übernahme des Blatts.

71 Parke-Bernet Galleries (Hg.), The World-Renowned Hauslab-Liechtenstein World Global Map of 1507 by Martin Waldseemüller. The only known copy of the first published globular map of the Western Hemisphere and the first globular map on which the name America appears. Public auction sale, May 24, Parke-Bernet Galleries, New York 1950, S. 10, mit einer Abbildung.

72 URL: http://www.clevelandart.org/exhibcef/battle/html/9406467.html [12.2.2019].

73 Anders URL: http://www.marquesdecollections.fr/print.cfm?marque=11913 [12.2.2019], der Fortschreibung des Handbuchs von Frits Lugt über die Sammlermarken bei Zeichnungen und Drucken. Hier wird keine Unterscheidung gemacht.

74 Wien, Hausarchiv Liechtenstein S 3349, 15.2.1950, Zinser an Wilhelm.

dem Titel der Auktionsbeschreibung abgedruckt, ist allerdings nur als Beigabe vermerkt.[75] Es ist nicht auf der Karte selbst aufgebracht.

Am 11. März 1950, kurz vor seinem Rückflug nach Amerika, schrieb Zinser aus London an Wilhelm, »daß wir hoffen dürfen, mit der Auffrischung des Papiers so durchzukommen, daß mir das Papier innert 10 Tagen geliefert werden kann. Trotzdem eine gewisse Sprödigkeit und Mürbe durch das Alter, die Arbeit macht, drängen läßt«.[76] Die wichtigsten Schritte der Restaurierung hatte Zinser mit dem, weiterhin ungenannten, Restaurator in London besprochen. »Ich werde die Karte – in wesentlich gebessertem Zustande (auf dem aufgehellten Papier, in dem die kleinen Schäden unsichtbar gebessert auskommen werden, liegt der ungleichmaessige Druck des Schwarz viel frischer vor) kann mir zunaechst niemand in den Arm fallen mit Schlechtmachen in Hinsicht auf Erhaltung so vieler Objekte aus Liechtenstein, mit denen ich schon bisher meine liebe Not hatte.«[77]

Mit dem Stillschweigen, das sich Zinser so dringend erbeten hatte, sollte es aber aufgrund einer undichten Stelle in Liechtenstein bald vorbei sein. Noch während seines Aufenthalts in Zürich Anfang März hatte der Kunsthändler Walter Feilchenfeldt, der mit dem Verkauf der Liechtenstein-Grafiksammlung betraut war, dem völlig überraschten Zinser auf den Kopf zugesagt, dass dieser ja jetzt die Karte hätte. Auch der vereinbarte Mindestpreis war Feilchenfeldt bereits bekannt. Es ist anzunehmen, dass diese Informationen sehr bald auch Hans P. Kraus zugetragen wurden.[78]

Das restaurierte Blatt traf am 27. März 1950 in Amerika ein. Zinser zeigte sich sehr zufrieden: »Die Auffrischung machte dadurch Mühe, dass ein alter Bruch, der durch die ganze Platte oben nach unten der Mitte durch ging, auf zeigte – es gelang aber vollständig und das Aussehen hat jetzt so gewonnen, dass die Karte vollkommen druckfrisch vorliegt was ganz enorm wichtig ist, wenn ich eine hohe Preisforderung ausweisen will. Das Blatt liegt in einer einfachen sauberen Montur und sieht lecker aus.« Und als immer wiederkehrende Warnung an Wilhelm fügte er hinzu: »Bemerken möchte ich noch, dass wenn die geringste Andeutung bei Ihnen durchsickern kann, betreffs der vorgenommenen Behandlung des Blattes, dies die Interessen Sr. Durchlaucht schwer schaedigen muesste, NIEMAND [Großbuchstaben im Original, W. J.] weiss heute (ausser mir und Ihnen – der behandelnde Restaurator hat keine Ahnung um was es sich bei der Sache

[75] Parke-Bernet Galleries (Hg.), The World-Renowned Hauslab-Liechtenstein World Global Map, Titel und S. 10, wo vermerkt wird, dass es das Blatt auch beim Verkauf begleite.

[76] Wien, Hausarchiv Liechtenstein S 3349, 11.3.1950.

[77] Wien, Hausarchiv Liechtenstein S 3349, 18.3.1950.

[78] Wien, Hausarchiv Liechtenstein S 3349, 8.3.1950, 9.3.1950, 18.3.1950, 24.3.1950.

handelt) diesen internen Vorgang! Kaeme etwas darueber zur Sprache, so wuerden mir sofort die Konkurrenten in den Arm fallen, mit fahrlaessigen Bemerkungen etc.«[79]

Die Gemengelage aus Konkurrenzneid und Kunsthändlertratsch, die bald die Diskussion bestimmen sollte, zeichnet sich hier schon ab, umso mehr, da Hans P. Kraus zu dieser Zeit noch immer davon ausging, dass die Globensegmentkarte verschenkt worden sei. Und der Liechtenstein'sche Sammlungsdirektor Wilhelm ließ Kraus in diesem Glauben.[80]

Trotz intensiver Gespräche mit möglichen Interessenten konnte Zinser bis Mitte April 1950 keinen Verkaufserfolg vorweisen. Abschreckend wirkten vor allem die Preisvorstellung und die im Vergleich zur Wolfegg-Karte geringe Größe des Globensegmentblatts. Der gute Zustand des Blatts wurde allerdings wohlwollend vermerkt. »Einen positiven Dienst habe ich immerhin geleistet, das war mein erster Rat: dass absolut n i e m a n d [im Original gesperrt, W. J.] die Karte im alten Zustand sehen duerfe, dass die Instandsetzung unbedingt sofort erfolgen muesse und zwar von der e i n e n [im Original gesperrt, W. J.] best erfahrenen Hand alleine! Hier staunt jetzt jeder, der das Ding zu sehen kriegt, ueber die absolut unbescholtene Sauberkeit etc.« Zinser erklärt den potenziellen Interessenten unverfroren, dass dieser erstklassige Zustand des Blatts einzig und allein der Sorgfalt des alten Fürstenhauses zu verdanken sei.[81] Der Kunsthändler wusste allerdings auch um die juristische Gratwanderung bei seiner Vorgehensweise, ein sichtbar beschädigtes Blatt so restaurieren zu lassen, dass es tadellos erhalten wirkt, und darüber keine Angaben zu machen. Deshalb war es Zinser so besonders wichtig, dass niemand über den vorherigen Zustand des Blattes berichten konnte. Wenn nämlich die »Wiederherstellungsarbeit«, so seine Definition im Brief, bekannt würde, dann könne in Amerika der Käufer jederzeit den Kaufpreis zurückfordern.[82]

Aufgrund des sich abzeichnenden Fehlschlags eines freihändigen Verkaufs ermächtigte Sammlungsdirektor Wilhelm am 14. April den Kunsthändler, einen Verkauf über eine Auktion vorzubereiten. Zinser, der jetzt in Absprache mit Vaduz als offizieller Eigentümer der Karte auftrat,

[79] Wien, Hausarchiv Liechtenstein S 3349, 30.3.1950. Welche Summe der Restaurator für die durchgeführten Arbeiten erhielt, geht aus diesem Aktenbestand nicht hervor. Die Kosten dürfte Zinser übernommen haben.

[80] Wien, Hausarchiv Liechtenstein S 3349, 3.4.1950. Kraus hatte Wilhelm gegenüber sein Interesse am Ankauf von Büchern und Grafiken bekundet.

[81] Wien, Hausarchiv Liechtenstein S 3349, 13.4.1950. Aufgrund der fürstlichen Preisvorstellungen wollte Zinser jetzt Wilhelm animieren, Hans P. Kraus zu fragen, »wie er denn so eine Karte wie diese Globensegmente wohl bewerten wuerde oder bewertet haette, dann haetten Sie ja eine etwaige Kontrolle.«, Wien, Hausarchiv Liechtenstein S 3349, 9.4.1950.

[82] Wien, Hausarchiv Liechtenstein S 3349, 22.4.1950.

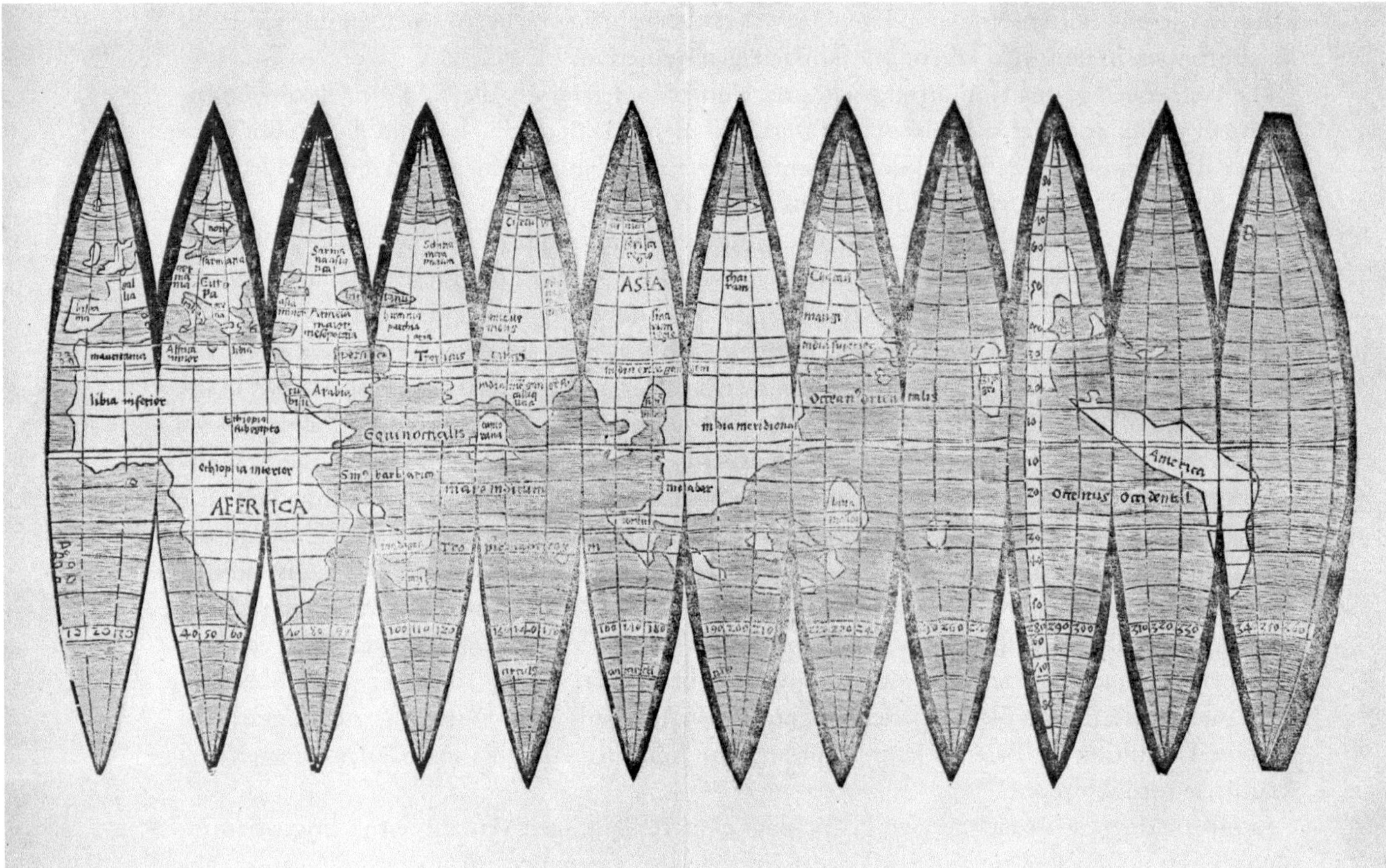


*Abbildung des Hauslab-Liechtenstein-Exemplars im Auktionskatalog bei Parke-Bernet in New-York im Mai 1950. Bayerische Staatsbibliothek München*

erreichte in Verhandlungen mit dem New Yorker Auktionshaus Parke-Bernet, dass das Blatt im Rahmen einer Versteigerung mit herausragenden Americana einer Privatsammlung aufgenommen wurde. Das rechtliche Konstrukt war so beschaffen, dass Zinser als Eigentümer fungierte, sein Name allerdings nicht genannt wurde und nur intern der Auktionsfirma bekannt war. Das Fürstentum Liechtenstein sollte überhaupt nicht in Erscheinung treten. Allerdings musste das Mindestgebot von 50 000 Dollar im Katalog ausgewiesen werden.[83]

In sehr kurzer Zeit produzierte Zinser einen eigenen Katalog mit einer Auflage von 2500 Stück, um die Bedeutung des Blattes besonders hervorzuheben. Die erforderlichen Abbildungen für den Katalog wurden im Beisein Zinsers vom Original gemacht. Er überwachte auch selbst den Satz und die Korrekturläufe. Den Katalog bezeichnete er als »ein feines Stueck Arbeit«. Es sei eine große Kunst gewesen, bei der Exponatsbeschreibung an der Wolfegg-Karte »vorbeizureden«, um nicht von den Globensegmenten abzulenken. Der Text halte sich an die Fischer-Wieser-Bände. Ursprünglich wollte das Auktionshaus Parke-Bernet für die Beschreibung einen Wissenschaftler der New Yorker Public Library heranziehen. Dies verhinderte Zinser jedoch mit dem Hinweis auf den großen Zeitdruck. Er setzte durch, dass er selbst in Zusammenarbeit mit einer in Druck und Schrift erfahrenen Sekretärin den Katalogtext verfasste. Da aber Zinsers Anteil an der ganzen Auktion nicht öffentlich werden sollte, firmierte als Autor des Katalogteils Marion Caming.[84] Außerdem sollten mit einer aufwendigen Marketingkampagne potenzielle Bieter angesprochen werden.[85]

Anfang Mai 1950 erreichten auch Hans P. Kraus erste Informationen über die geplante Versteigerung in New York. Er ließ über seinen Repräsentanten Wight in Vaduz nachfragen, ob diese

[83] Der Gesamtumsatz von Parke-Bernet betrug in der Auktionssaison 1948/49 etwa 5,6 Millionen Dollar, wobei der höchste erzielte Einzelpreis 42 000 Dollar für zwei gotische Tapisserien aus dem Burgund betrug, Weltkunst 19 (1949) Heft 16, S. 8. In der Saison 1949 / 50 sank der Umsatz auf 4,5 Millionen Dollar, wobei die 22 600 Dollar für zwei nordpersische Läufer als Spitzenpreis bezeichnet wurden, Weltkunst 20 (1950) Heft 16, S. 10.

[84] Marion Caming war als Herausgeber bzw. Verfasser des Vorworts bei Katalogen von Parke-Bernet 1943 und 1953 beteiligt, Parke-Bernet Galleries (Hg.), The Carminati Collection of Persian Art: Miniatures, Paintings, Manuscripts: January 28, 1943, New York 1943, und Parke-Bernet Galleries (Hg.), The Second Earliest Known Existing Manuscript of the Rubaiyat of Omar Khayyam Sold by Order of the Present Owner, New York 1953.

[85] Wien, Hausarchiv Liechtenstein S 3349, 22.4., 28.4. und 7.5.1950. Eine der Sorgen Zinsers zu diesem Zeitpunkt waren »Schaedigungen von Aussenseitern also etwa ein Achselzucken von Seiten des Herrn Kraus und seiner Kollegen …, wenn diese Leute etwa vorbringen die Karte sei gar nicht so wichtig, nur die grosse Karte sei ein hoeherer Wert.«, Wien, Hausarchiv Liechtenstein S 3349, 23.4.1950, Zinser an Wilhelm, ähnlich auch ein Schreiben vom 1.5.1950.

Nachricht echt und seriös sei und ob das Fürstenhaus davon wisse.[86] Wilhelm spielte weiter auf Zeit, um die von Zinser befürchteten Querschüsse im Vorfeld der Auktion zu verhindern, und reagierte auf die Anfrage von Kraus nicht.[87] Richard Zinser war sich bewusst, dass er mit Reaktionen von Kraus rechnen musste, wie er mehrfach in Schreiben nach Vaduz betonte. Schadenfroh schrieb er an Wilhelm, »wenn der Katalog versandt wird, so faellt der Kraus auf den Ruecken«.[88]

Das Verschleiern des wahren Besitzers und die zurückhaltende Informationspolitik von Parke-Bernet wie von Zinser spornten die amerikanischen Journalisten zu eigenen Recherchen an. Jetzt wurde Hans P. Kraus, der als Käufer des Hauslab-Kartenbestands aus dem Liechtenstein-Besitz bekannt war, sehr zum Leidwesen von Zinser von der Presse befragt und nutzte diese Gelegenheit zur Eigenwerbung.[89] Damit musste auch der Name des tatsächlichen Besitzers, Fürst Franz Josef II., sehr zu dessen Unwillen bekannt werden.[90]

Noch kurz vor der Auktion zeigte sich Kraus gegenüber Wilhelm skeptisch, ob man überhaupt die Hälfte des Preises, also 25 000 Dollar, erreichen werde.[91] Die weitere Entwicklung sollte Kraus zunächst recht geben. Die Auktion am 24. Mai 1950, auch Kraus war anwesend, war aufgrund des Mindestgebots von 50 000 Dollar ein krachender Misserfolg. Die Versuche des Auktionators,

86 Wien, Hausarchiv Liechtenstein 1550, 1.5.1950, der Beauftragte von Kraus in Liechtenstein, E. V. D. Wight jr., an Wilhelm.

87 Wien, Hausarchiv Liechtenstein S 3349, 4.5.1950, Wilhelm an Zinser.

88 Wien, Hausarchiv Liechtenstein S 3349, 9.5.1950. In der angespannten Stimmung kurz vor der Auktion gab Zinser eindeutige Ratschläge nach Vaduz, dass sich Wilhelm bei Nachfragen von Kraus vorsichtig und ausweichend verhalten solle.

89 Wien, Hausarchiv Liechtenstein S 3349, 10.5.1950, Zinser an Wilhelm. Ebenfalls am 10.5. bedauerte der Beauftragte von Kraus, Wight, in einem Schreiben an Wilhelm, dass man Kraus nicht die Gelegenheit gegeben habe, für die Globensegmente ein Angebot abzugeben, Wien, Hausarchiv Liechtenstein 1550.

90 Die Auseinandersetzung zwischen Zinser und Kraus befeuerte sich Mitte Mai weiter. Zinser hatte aus Liechtenstein den Auftrag zum Verkauf einer Bering-Karte von 1729 erhalten. Bei der an und für sich zollfreien Einfuhr der Karte in New York wurde irrtümlich ein geringer Zoll festgesetzt. Als Zinser die Zahlung verweigerte, zog der Zoll den als Kartenspezialisten ausgewiesenen Kraus zu Rate, der 1200 Dollar als Marktpreis angab. Zinser war natürlich äußerst ungehalten, zumal er dem Fürsten einen möglichen Verkaufspreis von 3000 Dollar in Aussicht gestellt hatte, Wien, Hausarchiv Liechtenstein S 3349, 12.5.1950, Zinser an Wilhelm.

91 So am 14.5.1950 über Wight, den Bevollmächtigten von Kraus in Vaduz, an Wilhelm, Wien Hausarchiv Liechtenstein 1550. Den Minimalpreis von 50 000 Dollar würde man bei der heutigen Lage in New York nicht erzielen können. Es sei zweifelhaft, ob man überhaupt die Hälfte bekomme. Dies gab Wilhelm kurz vor der Auktion an Zinser weiter, Wien, Hausarchiv Liechtenstein S 3349, 23.5.1950. Nach dem Scheitern der Auktion musste Zinser zähneknirschend diese realistische Preiseinschätzung durch Kraus anerkennen, Wien, Hausarchiv Liechtenstein S 3349, 26.5.1950.

mit einem Aufrufpreis von 55 000 Dollar, dann 52 500 und zuletzt 51 000 Dollar zu beginnen, scheiterten am Schweigen des Publikums. Das Blatt wurde von der Auktion zurückgezogen.[92] Kraus konnte es sich nicht verkneifen, an Fürst Franz Josef II. einen Artikel aus der New York Times senden zu lassen, der am Tag nach der gescheiterten Auktion erschienen war. Als Grund für den Misserfolg wurde hier die unübliche Bedingung des Fürsten, der ein Mindestgebot verlangt habe, genannt.[93]

Richard Zinser, der nun vom Fürstenhaus die Erlaubnis erhielt, die Karte auch zu einem niedrigeren Preis zu verkaufen, suchte weiterhin nach Interessenten. Gleichzeitig dokumentierte auch Kraus unverdrossen in Vaduz sein Interesse am Erwerb der Karte, so im November 1950. Er wurde allerdings abschlägig beschieden.[94] Zinser sah in Kraus nach der erfolglosen Auktion immer noch einen starken Konkurrenten und versuchte, das Fürstenhaus immer wieder durch Hinweise auf das anhaltende Interesse in Amerika bei der Stange zu halten. Da der Verkaufserfolg allerdings ausblieb, fürchtete er, dass sich Vaduz mit Hans P. Kraus auf einen »Kuhhandel« einlassen könnte.[95]

## Der große Streit

Im Sommer 1952, die Globensegmentkarte war noch immer nicht verkauft[96], kam es zur offenen Auseinandersetzung zwischen Kraus und Zinser. In seiner Autobiografie schrieb Kraus später, dass er sich die Globensegmente genau angesehen habe und deshalb, im Gegensatz zu vielen anderen, gewusst habe, dass sie repariert worden waren; ein Restaurator habe mehrere Risse fachmännisch

[92] Wien, Hausarchiv Liechtenstein S 3349, 25.5.1950, Zinser an Wilhelm, mit der Beschreibung der Auktion. Für das Misslingen machte Parke-Bernet das Mindestgebot von 50 000 Dollar verantwortlich sowie die Anonymität des Eigentümers, der in Zukunft explizit genannt werden sollte, Wien, Hausarchiv Liechtenstein S 3349, 26.5.1950, Parke-Bernet an Zinser.

[93] Wien, Hausarchiv Liechtenstein 1550, 1.6.1950.

[94] Wien, Hausarchiv Liechtenstein S 3349, 17.11.1950, Wilhelm an Zinser, und 10.12.1952, wonach Kraus bald nach der Auktion 25 000 Dollar für die Karte geboten habe. Die Geschäftsbeziehungen zwischen Kraus und Wilhelm blieben von diesem Hin und Her unberührt, wie ein Ankauf von Grafiken und Büchern durch Kraus zeigt, Wien, Hausarchiv Liechtenstein 1550, 12.8.1950 und 13.10.1950.

[95] Wien, Hausarchiv Liechtenstein S 3349, 21.11.1950., Zinser an Wilhelm. Zu dieser Zeit war zwischen den beiden bereits ein Mindestpreis von noch 40 000 Dollar im Gespräch. Für das schleppende Ankaufsinteresse vor allem in Amerika machte Zinser auch den Korea-Krieg verantwortlich und die Gefahr eines Dritten Weltkriegs, Wien, Hausarchiv Liechtenstein S 3349, 2.12.1950.

[96] Zinser hatte mit Interessenten in Cincinnatti und Washington, mit der National Geographic Society und der

ausgebessert. Als Folge der missglückten Auktion sei eine Auseinandersetzung zwischen ihm und dem Haus Liechtenstein über den Wert des Verkaufsobjekts entstanden. Kraus wurde nach eigener Aussage von einem Beauftragten des Fürsten vorgeworfen, »nachteilige Gerüchte verbreitet zu haben. Beschuldigungen, Proteste und erneute Beschuldigungen flogen hin und her«.[97] Der Streit habe schließlich außergerichtlich beigelegt werden können.

Dieser Sichtweise in der erstmals 1978 in englischer Sprache publizierten Autobiografie von Kraus kann jetzt der ausführliche Briefwechsel zwischen Gustav Wilhelm, Richard Zinser und dem Londoner Restaurator aus dem Liechtenstein-Archiv gegenübergestellt werden, der die Angelegenheit korrigiert und ergänzt. Demzufolge war Kraus im April 1952 bei Sammlungsdirektor Wilhelm erschienen und hatte zum wiederholten Mal 25 000 Dollar für den Globensegmente-Druck geboten. Nachdem Wilhelm abgelehnt hatte, habe Kraus, so Wilhelm in einem Schreiben an Zinser, gesagt, »die Karte sei nichts mehr wert. Er habe in London die Karte bei Drescher gesehen, bevor sie dieser restaurierte und dann, nach dieser Behandlung, anlässlich der Auktion. Kraus teilte mir [Wilhelm, W. J.] mit, dass die Behandlung der Karte durch Drescher nicht glücklich gewesen sei, das Papier habe durch zu starkes Pressen das Korn verloren.«[98]

Kraus muss sich mit diesen Behauptungen nicht nur gegenüber Wilhelm geäußert haben, denn am 1. August 1952 schrieb ein völlig konsternierter Arthur B. Drescher an Zinser, wie man sich gegen die Anschuldigungen von Kraus wehren könne. Hier wird jetzt zum ersten Mal der, in der Autobiografie von Kraus nicht namentlich genannte, Restaurator des Globensegmentblatts sichtbar. Über Arthur B. Drescher wird im nächsten Kapitel zu sprechen sein.

Während die Wogen bei Zinser und Drescher hochschlugen, erneuerte Kraus stoisch Ende Juni sein Angebot an Wilhelm und schlug vor, die Karte für 25 000 Dollar in Kommission zu neh-

Library of Congress verhandelt, Wien, Hausarchiv Liechtenstein S 3349, 6.4.1951, 11.6.1951, 1.7.1951. Die Karte befand sich zu diesem Zeitpunkt wieder im Safe von Zinser.

97 Kraus, Saga, S. 397.

98 Wien, Hausarchiv Liechtenstein S 3349, 10.6.1953, Wilhelm fasste zu diesem Zeitpunkt sein Gespräch mit Kraus für Zinser zusammen. Ähnlich erinnerte sich Zinser an das Gespräch mit Wilhelm im Juli 1952, als er von diesem über die Anschuldigungen, die Kraus erhob, informiert wurde: »dass man dorten diese wertvolle Karte in die falsche Hand gegeben habe, dass es kein Wunder sei, dass diese nicht zu verkaufen sei. Zinser hat das Objekt durch Herrn Drescher London derart herrichten lassen – waschen restaurieren pressen etc. – dass derselben kein hoeherer Wert beizumessen sei. Er habe die Karte bei Herrn Drescher selbst gesehen, sodass Herr Drescher in schwerem Vertrauensmissbrauch das Objekt ihm vorgezeigt haette. Als er dann das Blatt in New York wiedersah, habe er feststellen muessen, dass die Karte mehr oder weniger ruiniert worden war, etc.« So der im Brief als Zitat kenntlich gemachte Einschub mit den Aussagen von Kraus gegenüber Wilhelm, Wien, Hausarchiv Liechtenstein S 3349, 6.6.1953.

men. Er selbst sei als Spezialist für den Handel kartografischer Werke international bekannt und sein Haus sei der richtige Ort dafür. Dieses Angebot lehnte Wilhelm Anfang August ab.[99] Kraus versuchte offensichtlich, zwischen den erfolglosen Zinser und dessen Auftraggeber in Vaduz einen Keil zu treiben und sich als renommierter Verkäufer wieder ins Spiel zu bringen.

Die von Kraus gegen Drescher als den verantwortlichen Restaurator und gegen Zinser als dessen Auftraggeber erhobenen Vorwürfe waren zutiefst rufschädigend. Drescher wurde damit in seiner handwerklichen Integrität angegriffen, bei Zinser stand der Vorwurf im Raum, seinen Kunden schlechte, ja unlautere Ware anzubieten. In seinem Schreiben an Zinser vom 1. August 1952 beschrieb Drescher kurz die ausgeführten Arbeiten: »Sie wissen doch ganz genau, was an der Karte gemacht worden ist. Sie ist kaum berührt worden; nur ganze Kleinigkeiten waren erwünscht. Sie ist in delicatester Form [Unterstreichung im Original, W. J.] behandelt worden. (…) Die Karte ist selbstverständlich nicht [Unterstreichung im Original, W. J.] gepresst worden und das Relief ist so erhalten worden wie es war. Wie kann die Druckfarbe grau geworden sein?? [sic]. Im Gegenteil, sie ist durch unsere übliche Methode noch etwas voller herausgekommen.«[100] Er habe auch Kraus gegenüber, trotz dessen Nachfrage, kein Wort über die Karte verlauten lassen. Er sei entgeistert über diese Unverschämtheit und wolle sich nach Absprache mit Zinser gegen Kraus zur Wehr setzen. Delikat war zudem, dass Drescher als hochqualifizierter Fachmann auch für Hans Kraus Restaurierungsarbeiten an Karten aus der Hauslab-Sammlung durchgeführt hatte.

In diesem Schwebezustand nach der geplatzten Auktion und dem in der Folgezeit nicht realisierbaren Verkauf des Globensegmentblatts war die Lage für Drescher und Zinser nicht einfach. Das Schreiben Zinsers an Wilhelm vom 3. August 1952 zeigt deutlich die Verbitterung des deutsch-amerikanischen Kunsthändlers. Seiner Meinung nach lasse Kraus kein Mittel unversucht, der Karte habhaft zu werden. Zinser stellte sich vor seinen Restaurator und bezeichnete die Unterstellungen gegenüber Drescher als bodenlose Infamie. »Drescher, der mir seit rund 30 Jahren eng befreundet ist, hat heute allein die Erfahrung und Fähigkeit, diese teils übersubtilen Arbeiten durchzuführen, es gibt außer ihm nur noch einen, der in Berlin lebt[101], alle anderen sind unsichere Pfuscher.« Kraus habe sich seine gegenüber Wilhelm vorgetragene Kritik aus den Fingern gesogen, wobei ihm jedes Augenmaß verloren gegangen sei. »Drescher hat ihm jene so schwer schadhaften, verblichenen und fragmentierten Hauslab Karten unter größten Mühen

99 Wien, Hausarchiv Liechtenstein S 3352, 28.6.1952 und 8.8.1952.

100 Wien, Hausarchiv Liechtenstein S 3349, 1.8.1952, Drescher an Zinser.

101 Gemeint ist Carl Schweidler, bei dem Drescher gelernt hatte. Zu Schweidler vgl. das folgende Kapitel.

wieder in ›Stand‹ gesetzt, daß Kraus einen Prachtkatalog … damit herausbringen konnte. Das ist nun sein Dank dafür. Solche Leute sind zu allem fähig und schrecken vor nichts zurück. (…) Jedenfalls ist mir in meinem gesamten Geschäftsverkehr noch nie eine derart gesinnungslose und rohe Frechheit begegnet.«[102]

Der hier genannte »Prachtkatalog« war der 55 Nummern umfassende und umfangreich bebilderte Verkaufskatalog *Choice Manuscripts, Books, Maps and Globes*, den Hans P. Kraus 1951 veröffentlichte. Hier bot er zum ersten Mal zwölf Karten aus der von ihm erworbenen Hauslab-Liechtenstein-Sammlung an. Wenn die Angaben von Zinser stimmen – und daran ist nicht zu zweifeln, auch wenn er den Zustand der Hauslab-Karten allzu dramatisch darstellte –, dann führte zumindest bei einigen dieser Stücke Arthur Drescher in London die notwendigen Restaurierungen durch. Diese Maßnahmen waren erforderlich, um die Preisvorstellungen von bis zu 16 000 Dollar für ein Stück zu realisieren. Für das Kartenkonvolut ergab sich ein Gesamtpreis von über 65 000 Dollar. Bei den Beschreibungen dieser zwölf Karten fehlt allerdings jeglicher Hinweis auf eine stattgehabte Restaurierungsmaßnahme.[103]

Trotz aller berechtigten Empörung von Zinser und Drescher war aber Kraus sicherlich teilweise im Recht. In der von Zinser verfassten Auktionsbeschreibung der Globensegmente heißt es zumindest zum Zustand des Blatts »in perfect state« und »cut from one single woodblock neither reworked nor disfigured by coloring« [104]. Wenn sich diese Aussage auf das Blatt bezieht, dann wurde hier eine vorhergehende Restaurierung explizit verneint. Damit wird auch die in der Autobiografie dokumentierte Aussage von Kraus nachvollziehbar, der offensichtlich zu Recht annahm, dass diese Ausbesserungen den potenziellen Bietern verschwiegen werden sollten. Genau dies hatte aber auch Kraus, wie geschildert, mit seinen 1951 angebotenen Hauslab-Karten gemacht.

Unklar bleibt, woher Kraus seine Informationen bezog[105] und warum er genau zu diesem

[102] Wien, Hausarchiv Liechtenstein S 3349, 3.8.1952, Zinser an Wilhelm.

[103] Hans P. Kraus (Hg.), Choice Manuscripts, Books, Maps and Globes important for the History of European Civilization and the Discovery of America, hier die Nrr. 17–28. Vgl. Ristow, The Hauslab-Liechtenstein Map Collection, S. 125f., der vermutet, dass Kraus diese Karten und andere Rara für über 150 000 Dollar an die Houghton Library der Harvard-Universität verkaufen konnte.

[104] Parke-Bernet Galleries (Hg.), The World-Renowned Hauslab-Liechtenstein World Global Map of 1507, S. 11. In dieser Beschreibung wurde auf S. 17 auch zum ersten Mal das Wasserzeichen des Blatts vermerkt, »a large bull's head with St. Antony's cross and Caduceus«, und in Originalgröße abgedruckt.

[105] Drescher betonte ausdrücklich, dass er Kraus gegenüber nie etwas habe verlauten lassen; auch Gustav Mayer von Colnaghi's, der Doyen der Londoner Kunsthändler, habe von ihm nichts über die Karte erfahren, Wien, Hausarchiv Liechtenstein S 3349, 1.8.1952, Drescher an Zinser.

Zeitpunkt diese Anschuldigungen erhob. Vielleicht sah Kraus mehr als zwei Jahre nach der gescheiterten Auktion doch noch eine Möglichkeit, anstelle des erfolglosen Zinser selbst mit dem Verkauf der Karte betraut zu werden.[106]

Die Angelegenheit geriet sehr bald in die Hände der Anwälte, wobei sich das Fürstentum Liechtenstein von der Auseinandersetzung juristisch nicht betroffen fühlte. Nach einem Treffen mit Drescher in London forderte Zinser im Oktober 1952 über seine Anwälte von Kraus, die Behauptung zu widerrufen, er habe das Blatt vor der Restaurierung gesehen und nach der Restaurierung sei es erheblich beschädigt gewesen.[107]

Kraus versuchte Zeit zu gewinnen[108] und die Angelegenheit als Missverständnis darzustellen, doch Drescher und Zinser bestanden auf einer gerichtlichen Klärung und legten vor dem Supreme Court des Staates New York eine Anklageschrift vor, mit der Kraus gezwungen werden sollte, alle Behauptungen zurückzunehmen.[109]

Seine tiefsitzende Abneigung gegen Hans Kraus wird in einem Brief Richard Zinsers an Direktor Wilhelm in Vaduz vom Dezember 1952 deutlich. Im Falle einer Gerichtsverhandlung »muss eben schluessig vorgelegt werden, falls er weiter seine Gemeinheiten verteidigt, wie fahrlaessig

[106] Darauf deutet zumindest eine Stelle in einem Schreiben Zinsers an Direktor Wilhelm vom 5.12.1952 hin. Kraus habe Zinser im Zuge der juristischen Auseinandersetzung informiert, dass Vaduz 1952 ihm die Karte angeboten habe. Der Preis sei aber weit übertrieben gewesen, da er aus zuverlässiger Quelle erfahren habe, die Karte sei behandelt worden. Zinser betonte daraufhin, dass er auf eigenes Risiko bei jedem Angebot von Kraus mitbieten werde. Wilhelm antwortete, dass er die Karte Kraus nie angeboten und dessen Offerten alle zurückgewiesen habe, Wien, Hausarchiv Liechtenstein S 3349, 5.12.1952 und 10.12.1952.

[107] Wien, Hausarchiv Liechtenstein S 3349, 24.10.1952, Schreiben der Kanzlei Kaskell & Schlesinger an Kraus. Dieser bezog nun die Position, er habe die Karte vor der Restaurierung nicht gesehen. Einen von den Anwälten Zinsers formulierten Widerruf unterzeichnete Kraus aber nicht, Wien, Hausarchiv Liechtenstein S 3349, 30.10.1952 und 4.11.1952.

[108] Kraus antwortete im Verlauf der Auseinandersetzung mit einer Gegenklage, die sich gegen Zinser richtete. Er, Kraus, habe in seinen Geschäften durch seelische Depressionen Störungen erlitten; so die polemische Zusammenfassung von Zinser in einem Schreiben an Wilhelm von Ende Mai 1953, Wien, Hausarchiv Liechtenstein S 3349, datiert Ende Mai 1953.

[109] Zinser und Drescher setzten sich gegen diese Behauptung von Kraus zu Wehr, »I established that the map has been mishandled by the said Arthur B. Drescher and that in consequence of this mishandling the value of the map, to all practical effects, has been destroyed.« So in der undatierten Anklageschrift von Drescher gegen Kraus. Die gleichzeitige Schrift von Zinser gegen Kraus gibt den Vorgang ähnlich wieder. Die beiden Fotokopien sind im Schriftwechsel zum Juni 1953 eingereiht, Wien, Hausarchiv Liechtenstein S 3349.

und boeswillig Kraus, dieses Wertobjekt Sr. Durchlaucht, meinen Namen und den des Herrn Drescher besudeln wollte. Der Kerl muss gestoppt werden …«[110]

In dieser für alle Beteiligten unerfreulichen juristischen Auseinandersetzung schien kurzzeitig eine salomonische Lösung möglich zu sein. Nach einem Vorschlag von Gustav Wilhelm sollte Kraus die Karte zu den finanziellen Vorstellungen des Fürstentums Liechtenstein kaufen und alle Prozessparteien würden gegenseitig die Klagen zurückziehen.[111] »Denn eine ›bessere‹ Erklärung über den Wert der Karte und die vorzügliche Behandlung der Karte durch Drescher, als durch einen Ankauf der Karte durch Kraus können weder Sie noch Drescher bekommen.«[112] Wenn dieser Vorschlag realisiert worden wäre, hätte es – das darf man annehmen – keine späteren Fälschungen gegeben – doch dazu später.

Da beide Parteien an ihren finanziellen Forderungen festhielten, scheiterte die außergerichtliche Einigung. Kraus war Anfang Juli 1953 bei einem Gespräch mit Wilhelm in Vaduz bereit gewesen, für die Karte und zwei kostbare Globen 70 000 Dollar anzubieten. Letztlich zog Kraus auf Anraten seiner Anwälte dieses Gebot aber wieder zurück. Er wollte erst nach Beilegung des schwebenden Verfahrens neu verhandeln. Direktor Wilhelm gab Kraus deutlich zu verstehen, ein Gebot unter 75 000 Dollar dem Fürsten gar nicht erst vorlegen zu wollen.[113]

Erst zu Jahresbeginn 1954 erlahmte der juristische Eifer aller Beteiligten. Kraus war, nachdem eine Vorverhandlung stattgefunden hatte, bereit, seine Behauptungen hinsichtlich der Restaurierung

110 Wien, Hausarchiv Liechtenstein S 3349, 5.12.1952.

111 Da nach Einschätzung von Wilhelm die Klage für Kraus sehr unangenehm sei, wäre es am besten, »wenn man ihn dazu brächte, die Karte zu kaufen«, Wien, Hausarchiv Liechtenstein, 12.3.1953. Zinser sprach sich natürlich gegen diese Lösung aus, da er immer noch mit amerikanischen Interessenten über den Ankauf der Globensegmentkarte verhandelte, Wien, Hausarchiv Liechtenstein S 3349, 15.4.1953. Kraus war nach wie vor an einem Kauf interessiert und wollte sogar direkt mit Zinser verhandeln, Wien, Hausarchiv Liechtenstein S 3349, 28.4.1953, Wilhelm an Zinser.

112 Am 19. Mai skizzierte Wilhelm gegenüber Zinser die geplante Vorgehensweise, wonach Kraus den Kaufpreis von 50 000 Dollar für die Karte und weitere 40 000 Dollar für ein Globenpaar hinterlegen müsse, woraufhin Zinser und Drescher ihre Klagen zurückziehen sollten, Wien, Hausarchiv Liechtenstein S 3349, 19. 5.1953. Für Zinser wäre eine Verständigung mit Kraus im Bereich des Möglichen gelegen, wie er Ende Juni nach Vaduz schrieb. Allerdings merkte er an, dass Kraus »Drescher in frivolster Weise direct verleumdete und zudem dessen unangefochtene Kompetenz desavouiert hat«. Daher sei eine gerichtliche Klärung zwangsläufig, Wien, Hausarchiv Liechtenstein S 3349, 29.6.1953.

113 Wien, Hausarchiv Liechtenstein S 3349, Gedächtnisprotokoll von Wilhelm mit Angaben über die Verhandlungen mit Kraus im Juli 1953. Kraus blieb auch im Sommer 1953 in engen Geschäftsbeziehungen mit Vaduz und erwarb Zeichnungen und Inkunabeln, Wien, Hausarchiv Liechtenstein S 6052, Briefwechsel zwischen Dezember 1952 und Dezember 1953.

des Blatts zurückzuziehen.[114] Drescher hatte zuvor fotografisches Material gesammelt, um seine Restaurierungstätigkeit bei den Hauslab-Karten zu dokumentieren, die er im Auftrag von Kraus durchgeführt hatte.[115] Bei allen drei Beteiligten überwog letztlich das Interesse an ungestörter Geschäftstätigkeit.

Trotz aller Auseinandersetzungen zeigte Kraus auch Ende Januar 1954 gegenüber Sammlungsdirektor Wilhelm erneut sein Interesse an einem Ankauf der Globensegmentkarte. Wilhelm wollte jetzt aber nur noch auf schriftliche Angebote von Kraus reagieren und schrieb an Zinser, dass ihm ein anderer Käufer lieber wäre, »damit Kraus sieht, dass man auf ihn nicht angewiesen ist«.[116] Zu diesem Zeitpunkt im Februar 1954 hatte sich Kraus bereits mit Zinser verständigt und eine Unterlassungserklärung unterschrieben. Um auch Drescher aus der juristischen Schusslinie zu bringen und die Anschuldigungen von Kraus zu entkräften, erbat Zinser von Wilhelm eine weitere Erklärung. Darin bestätigte Wilhelm, dass Zinser das Blatt »unbescholten« übernommen habe und dass Drescher lediglich zwei alte »Papierscharniere« abgenommen und die durch den Klebstoff gedunkelten Stellen gereinigt habe.[117] Dies entsprach natürlich überhaupt nicht den von Drescher tatsächlich vorgenommenen Maßnahmen.

Die anhaltende Rivalität zwischen Zinser und Kraus zeigte sich auch im April 1954, als sich Kraus mit dem Vorschlag an Wilhelm wandte, ihm das Blatt mit den Globensegmenten für Verkaufsgespräche leihweise zu überlassen. Er halte einen Preis von 38 000 Dollar für erzielbar, würde sich mit 10 Prozent Kommission begnügen und bitte um die Ausleihe des Blattes für einen Monat, um bei seinen Interessenten »den Preis hinaufarbeiten« zu können.[118] Dies stieß auf schärfsten Widerstand von Zinser, der zu dieser Zeit bereits eine andere Karte aus Liechtenstein-Besitz an die Universität Minnesota verkauft hatte und sich große Hoffnungen machte, bald auch die Globensegmente dorthin verkaufen zu können.[119] Vaduz informierte Kraus, dass

114 Die erste Mitteilung darüber kam am 21.1.1954 von einem Vertreter von Kraus an Wilhelm. Zinser versuchte zwar noch, von Wilhelm weitere gerichtsfeste Schriftstücke über dessen Gespräch mit Kraus im April 1952 zu bekommen. Allerdings war nach der Unterzeichnung der Unterlassungserklärung durch Kraus der juristische Spielball mit allen unkalkulierbaren finanziellen Folgekosten wieder bei Zinser und Drescher, Wien, Hausarchiv Liechtenstein S 3349, 21.1.1954, 26.1.1954, 7.2.1954 und 9.2.1954.

115 Wien, Hausarchiv Liechtenstein S 3349, 17.1.1954. Außerdem hatten drei nicht näher genannte Auftraggeber aus der Schweiz, London und New York positive Zeugnisse für die Arbeitsweise von Drescher abgegeben.

116 Wien, Hausarchiv Liechtenstein S 3349, 5.2.1954, Wilhelm an Zinser.

117 Wien, Hausarchiv Liechtenstein S 3349, 11.2.1954, Wilhelm an Zinser.

118 Wien, Hausarchiv Liechtenstein S 3349, 12.4.1954, Wight, der Beauftragte von Kraus in Vaduz, an Wilhelm.

119 Wien, Hausarchiv Liechtenstein S 3349, 19.4.1954, Zinser an Wilhelm.

er die Karte für 38 000 Dollar kaufen könne, dass man aber an einer Kommissionslösung kein Interesse habe.[120] Aus den Akten geht zwar nicht hervor, wie genau Kraus über den Stand der Verkaufsverhandlungen von Zinser informiert war. Aber solange Zinser nicht erfolgreich war, sah Kraus unverdrossen Chancen, den Rivalen mit einem akzeptablen Angebot beim Haus Liechtenstein auszustechen. Für den Verkäufer bot diese Rivalität der beiden Platzhirsche eine sehr gute Möglichkeit, den Verkaufseifer von Zinser zu bestärken. Bei einem etwaigen Misserfolg wartete ja der nächste Interessent schon vor der Tür.

Ende Mai 1954 stand Zinser in ernsthaften Verhandlungen mit Minnesota und beschwor Wilhelm dringend, Kraus gegenüber unbedingt Stillschweigen zu wahren.[121] Am 2. Juni erhielt Zinser endlich ein verbindliches Angebot von 45 000 Dollar für die Globensegmente und erbat sofort ein bestätigendes Schreiben mit offiziellem Briefkopf des Fürsten aus Vaduz, wonach dieser sich, nicht ohne Zögern, zur Annahme entschlossen habe und Zinser nach erfolgter Zahlung die Karte übergeben könne. Damit war der Kunsthändler sicher, »dass diese Knackwurst nun doch noch aus dem ewigen Kochtopf der Verhandlungen genommen werden kann«.[122] Am 7. Juni lag die Bestätigung der Universität Minnesota vor. Um im Herbst ein möglichst großes Medienecho zu erzielen, erbat sich die Universität das unbedingte Stillschweigen aller Beteiligten. Besonders von Kraus wurden Nachfragen erwartet.[123]

Aber sogar zu diesem Zeitpunkt Ende Juni 1954, als der Verkauf bereits unter Dach und Fach war, versuchte Zinser über Wilhelm, Kraus noch eins auszuwischen. Letzterer hatte ja immer

[120] Wien, Hausarchiv Liechtenstein S 3349, 22.4.1954, Wilhelm an Zinser. Trotzdem gab Kraus nicht auf und erbat am 30.4.1954 über das Fürstentum Liechtenstein die Adresse von Zinser während dessen Europaaufenthalts, um eine Ausleihe direkt besprechen zu können, Wien, Hausarchiv Liechtenstein S 3349, 30.4.1954.

[121] Wien, Hausarchiv Liechtenstein S 3349, 23.5.1954.

[122] Wien, Hausarchiv Liechtenstein S 3349, 2.6.1954, Zinser an Wilhelm. Am 5.6.1954 kam dann die Bestätigung des Fürsten. Noch am 6.6. mahnte Zinser dringend nach Vaduz, Kraus gegenüber unbedingt Stillschweigen zu wahren, da er auch jetzt noch eine Störung durch Kraus befürchtete, Wien, Hausarchiv Liechtenstein S 3349, 6.6.1954, ähnlicher Tenor in den Briefen Zinsers vom 9.6. und 21.6.1954 an Wilhelm.

[123] Wien, Hausarchiv Liechtenstein S 3349, 7.6.1954, John Parker, der Kurator der James Ford Bell Collection an Zinser. Auch der Kaufpreis sollte streng geheim bleiben. An der Aufbringung der Summe war ein Konsortium unter der Führung von James Ford Bell beteiligt. Der Kaufpreis wurde 2005 bekannt, vgl. den Auktionskatalog Christie´s (Hg.), Cartography including the Waldseemüller gores. London: Christie's, 8.6.2005, Nr. 17, S. 24, URL: http://www.christies.com/lotfinder/Lot/martin-waldseemuller-c1470-c1522-world-map-4516015-details.aspx [12.2.2019]. Zum Medienecho vgl. den Artikel in der New York Times: »Minnesota U. Gets Two Famed Maps,« New York Times, October 30, 1954, zitiert bei Ristow, The Hauslab-Liechenstein Map Collection, S. 125; vgl. auch Antilia and America. A Description of the 1424 Nautical Chart and the Waldseemüller Globe Map of 1507 in the James Ford Bell Collection at the University of Minnesota, St. Paul, Minn. 1955, mit einer Abbildung der Globensegmente.

wieder sein Interesse an einem Kauf bekundet und jetzt sollte Wilhelm Kraus mitteilen, dass dieser die Karte für ein Gebot über 50 000 Dollar bekommen könne.[124] Doch als am 25. Juni 1954 der Scheck aus Minnesota in Vaduz eintraf und am selben Tag auch die Kommission von fünf Prozent für Zinser gutgeschrieben war, hatte Hans P. Kraus den Kampf um die Globensegmentkarte verloren. Trotzdem machte Zinser weiter in einigen Briefen nach Vaduz gegen Kraus Stimmung und bezeichnete die Waldseemüller-Transaktion durch die Angriffe von Kraus für ihn als Kunsthändler als Verlustgeschäft.[125]

Es spricht für den Geschäftssinn des Hauses Liechtenstein, dass auch in dieser turbulenten Phase die Beziehungen zu Hans P. Kraus ungetrübt blieben. Bereits zum Jahreswechsel 1950/51 verhandelte Kraus erfolgreich um den Ankauf von sogenannten militärischen Kostümblättern aus dem Grafikbestand der Hauslab-Sammlung. Ende 1951 war er an einem Grafikbestand mit Motiven von Pferden, Reitsport, Jagd und Schifffahrt interessiert und 1953 erfolgte ein weiterer Ankauf von Inkunabeln und Grafiken.[126] Mit diesem Material publizierte Kraus dann 1953 seinen 64. Katalog mit über 200 Nummern aus dem Liechtenstein-Bestand.[127]

Für die Frage nach der Anfertigung der gefälschten Blätter Kraus-BSB und Christie's2017 bleibt also festzuhalten, dass das Hauslab-Liechtenstein-Blatt im März 1950 vor der Versteigerung bei Parke-Bernet im Mai von einem auch in den Augen von Kraus ausgewiesenen Fachmann, in diesem Fall von Arthur Bruno Drescher, restauriert worden war. Die Restaurierung erfolgte so, dass zur Ausbesserung eines Risses Papier eingefügt wurde.[128] Dadurch rücken für diese »unsichtbaren« Restaurierungsarbeiten in der ersten Hälfte des 20. Jahrhunderts die Brüder Carl und Max Schweidler und der von Carl Schweidler ausgebildete Arthur Bruno Drescher in den Fokus. Über sie wird im nächsten Kapitel zu sprechen sein.

Auch die offenkundige Rivalität der beiden Händler Richard Zinser und Hans Kraus, die seit Anfang 1950 mit allen Tricks und Kniffen um den Besitz des Blattes kämpften, ist für die Bewertung der Fälschungen immens wichtig. Vor allem das immer wieder dokumentierte Interesse von Kraus am Erwerb dieses Blattes ist dabei zu berücksichtigen.

Die Darstellung in der Autobiografie von Kraus ist dahingehend zu korrigieren, dass die Aus-

124 Wien, Hausarchiv Liechtenstein S 3349, 23.6.1954.

125 Wien, Hausarchiv Liechtenstein S 3349, Ende Oktober 1954 und 11.11.1954, Zinser an Wilhelm.

126 Wien, Hausarchiv Liechtenstein S 1550, S 4851, S 6052.

127 Hans P. Kraus (Hg.), Source materials for the study of European history and culture from the Prince Liechtenstein Library. Military science and costume, New York [1953].

128 URL: https://www.nytimes.com/2017/12/10/arts/design/why-experts-dont-believe-this-is-a-rare-first-map-of-america.html [12.2.2019].

einandersetzung nicht mit dem Fürstenhaus selbst, sondern mit Zinser und Drescher erfolgte. Der Disput entspann sich auch erst zwei Jahre nach der gescheiterten Versteigerung in New York. Die Behauptung von Kraus, er habe die Art der Restaurierung und die ergänzten Stellen gesehen, ist unglaubwürdig. Die ausgefeilte Technik des in der Kunst des unsichtbaren Restaurierens bestens geschulten Drescher konnte erst mit den technischen Hilfsmitteln der vergangenen Jahrzehnte sichtbar gemacht werden. Da Kraus auch ein wichtiger Auftraggeber Dreschers war, ist ein Informationsfluss auf der Ebene des persönlichen Gesprächs wahrscheinlicher. Dahin weisen auch die tiefe Enttäuschung und die Empörung Dreschers.

Die Angabe von Kraus, dass ein Restaurator fachmännisch mehrere Risse ausgebessert habe, ist dagegen eine Tatsachenverdrehung. Gerade Kraus hatte ja dem Restaurator Drescher vorgeworfen, das Globensegmentblatt kaputt restauriert zu haben und mit dieser Behauptung den Streit erst ausgelöst. Vielleicht handelt es sich hier um einen kleinen späten Versuch der Wiedergutmachung. Den Namen Drescher, wie übrigens auch den Namen von Zinser, erwähnte Kraus in seinem Buch mit keiner Silbe. Bei Drescher ist es zumindest nachvollziehbar, denn die Zusammenarbeit mit einem Meister der unsichtbaren Restaurierung mochte vielleicht nicht gern öffentlich gemacht werden. Ihre unbestrittenen handwerklichen Qualitäten positionierten die Restauratoren in der Hierarchie noch lange nicht gleichrangig mit den Kunsthändlern.[129]

Über die Feindschaft, die möglicherweise zwischen Zinser, Drescher und Kraus in den Jahren nach 1952 entstand, ist nur zu spekulieren. Aufgrund der einseitigen Quellenlage sind lediglich die, durch die Bank höchst abfälligen, Bemerkungen Zinsers über Kraus erhalten. Aber auch die wenigen überlieferten Äußerungen von Drescher über Kraus zeigen einen tiefen Konflikt. Ob der entstandene Dissens in der Hoffnung auf weitere ertragreiche Geschäfte gekittet wurde, bleibt fraglich. Möglicherweise ist gerade in dieser Auseinandersetzung ein Motiv zur Anfertigung der beiden gefälschten Globensegmentblätter zu suchen.

[129] »Nur ein Handwerker?«, so der bezeichnende Titel des Nachrufs auf den Kupferstichrestaurator Carl Schweidler, den Erhard Göpel 1962 in der Zeitschrift Weltkunst publizierte.

# 2 DAS KRAUS-BSB-EXEMPLAR

In einem kleinen Beitrag für die Zeitschrift Philobiblon aus dem Jahr 1958 erwähnt der österreichische Antiquar und Kunsthändler Christian Nebehay (1909–2003) den oben geschilderten Verkauf des Globensegmentblatts von 1954. Er spekulierte, dass man bei einer Auflage von 1000 Stück des großen Waldseemüller-Werks bei den kleinen Globensegmenten eventuell eine ähnlich hohe Auflage annehmen könne.[130] Und er sollte mit dem Auftauchen des nächsten Blattes 1960 recht bekommen.

## Die Auktion 1960

Obwohl Hans P. Kraus bei dem Privatverkauf des Hauslab-Liechtenstein-Exemplars 1954 nicht zum Zuge gekommen war, oder vielleicht gerade deshalb, blieb sein Interesse an einem Erwerb eines Blattes der Globensegmente ungebrochen. 1960[131] hatte er Erfolg. Er schreibt in seiner Autobiografie: »Den Beweis, dass der Ausrufspreis [des Hauslab-Liechtenstein-Exemplars, W. J.] von 50 000 Dollar zu hoch war und dass keine Gerüchte nötig waren, um zu verhindern, dass dieser Preis erreicht wurde, lieferte das Jahr 1960, als ein neuentdeckter Satz bei Sotheby's für 12 500 Pfund Sterling verkauft wurde. Ich war der Käufer und bin auch heute noch der Besitzer. Ich hoffe sehr, dass kein drittes Exemplar entdeckt wird. Es ist wirklich außerordentlich, dass sich die beiden einzigen bekannten Exemplare in amerikanischem Besitz befinden.«[132] Dieser fast kindlich wirkende Stolz auf seine kostbare Erwerbung macht deutlich, dass Kraus zu keinem Zeitpunkt an den Erwerb einer Fälschung glaubte.

Dieses 1960 aufgetauchte zweite Blatt mit den Globensegmenten von Waldseemüller ist durch die Beschreibung im Auktionskatalog sehr gut dokumentiert. In der für Dienstag, den 31. Mai 1960, angesetzten Auktion kam als Los 16 zum Aufruf: »One of the first two maps to bear the

[130] Christian M. Nebehay, Plauderei über alte Globen, in: Philobiblon 2 (1958), S. 297–300, hier S. 297f. Nebehay hatte 21 cm hohe Globen mit nachkolorierten Waldseemüller-Globensegmenten hergestellt und 1959 ein Exemplar der Globensammlung der Österreichischen Nationalbibliothek geschenkt, vgl. Rudolf Kinauer, Fünf Jahre Globensammlung der Österreichischen Nationalbibliothek, in: Der Globusfreund 8 (1959), S. 29–40, hier S. 37, und URL: http://www.henry-davis.com/MAPS/Ren/Ren1/311mono.html [12.2.2019].

[131] Ein zeitgenössisches Kurzporträt von Fritz Neugass, Profile des amerikanischen Kunsthandels. H. P. Kraus, Buchantiquariat in New York, in: Weltkunst 30 (1960) Nr. 18, S. 9, zeigt die starke Position, die sich Hans Kraus zu diesem Zeitpunkt als Buchhändler und Antiquar erarbeitet hatte.

[132] Kraus, Saga, S. 397, mit einer Abbildung des Blattes auf S. 398.

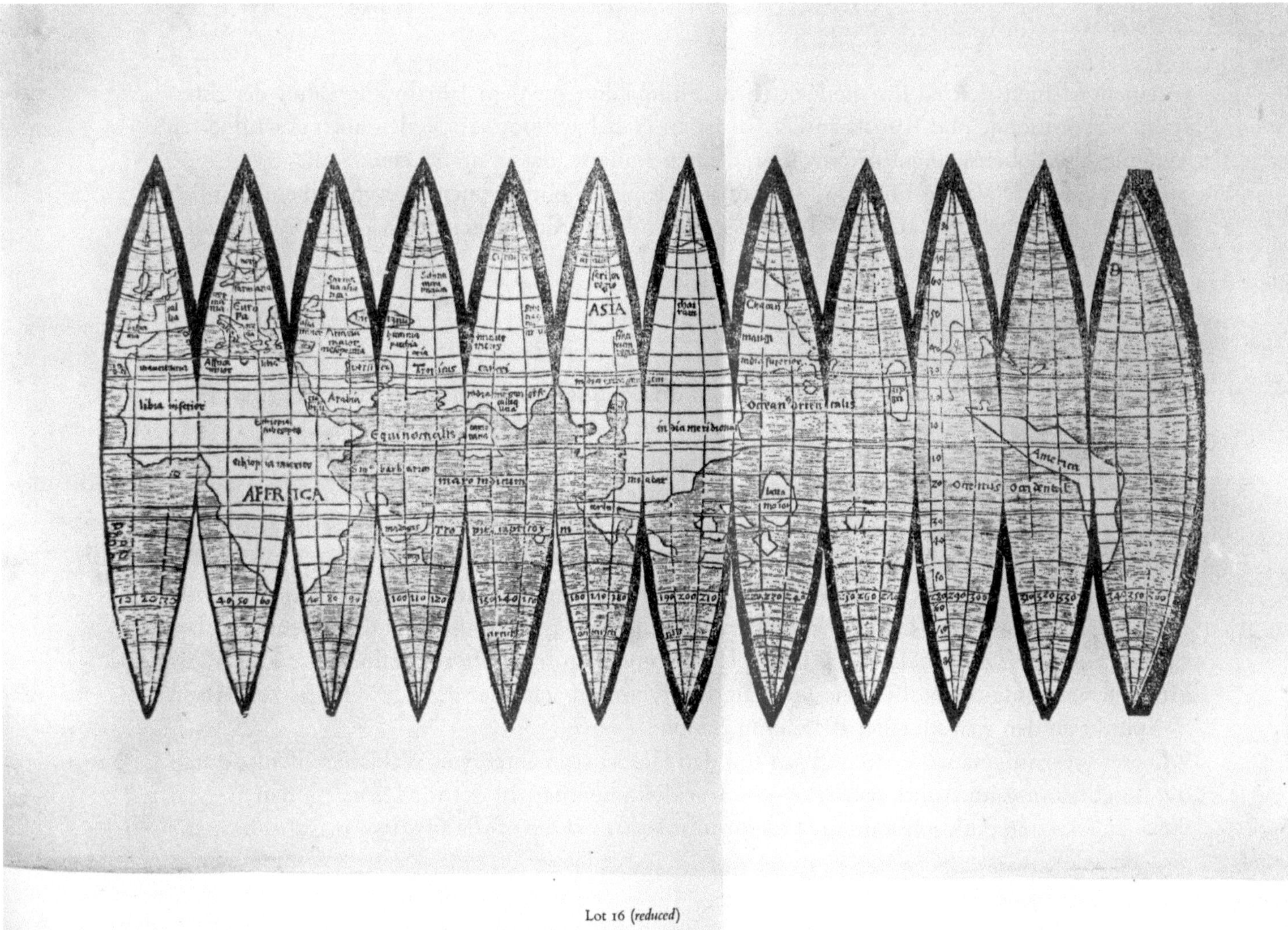


*Abbildung des von Hans P. Kraus am 31. Mai 1960 ersteigerten Exemplars der Globensegmente im Auktionskatalog von Sotheby's.*
*Bayerische Staatsbibliothek München*

printed name of America; only one other copy known«.[133] Der Titel des Loses lautete: »Martin Waldseemüller. Map of the world«. Die Einlieferung erfolgte im Auftrag eines nicht namentlich genannten Erben von Graf Andreas von Maltzan (1863–1921)[134], Schloss Militsch, Schlesien. Der Druck der Globensegmente war in eine Ptolemäus-Inkunabel von 1486 eingebunden, die wiederum mit den Besitzervermerken von Christian Ernst Graf zu Stolberg und dessen auf 1721 datiertes Exlibris, der Bibliothek Sobolevskij und von Graf Andreas von Maltzan eine äußerst respektable Provenienz aufwies.[135] Zur Veranschaulichung wurden der Auktionsbeschreibung eine etwas verkleinerte Abbildung der Globensegmente und eine Abbildung der großen Waldseemüller-Weltkarte beigegeben.

In dieser Beschreibung von 1960 wurde das Blatt mit den Globensegmenten als nicht koloriert und gedruckt in Schwarz auf Papier »with a faint watermark, of the ox's head type, also found in the Hauslab-Liechtenstein map« beschrieben. Hier zeigt sich schon die erste Auffälligkeit, denn dieses Blatt mit den Globensegmenten weist keinerlei Wasserzeichen auf, wie 2005 beim Vergleich der damals bekannten Stücke festgestellt wurde. Das Papier der Ptolemäus-Inkunabel hat hingegen ein Ochsenkopf-Wasserzeichen.[136] Außerdem wurde zum Blatt vermerkt: »In original state, entirely free from any restauration«. Es war von Anfang an klar, dass das Blatt mit den Globensegmenten von 1507 erst später in die Inkunabel von 1486 eingebunden worden war. Wie die Falschinformation mit dem nicht vorhandenen Wasserzeichen entstehen konnte, bleibt unklar.

Über den Verlauf der Auktion selbst und den Aufrufpreis des Stücks liegen außer der Notiz in der Autobiografie von Hans P. Kraus keine weiteren Informationen vor. Der Kaufpreis war für Kraus durchaus ein Schnäppchen. In derselben Auktion erwarb er für den doppelten Preis der Globensegmente eine von William Caxton 1480 in seiner Druckerei bei der Westminsterabtei hergestellte Inkunabel.[137]

[133] Sotheby and Co. (Hg.), Catalogue of highly important printed books & manuscripts … day of sale: Tuesday, 31 May, 1960 …, London 1960, 34–36, hier S. 34. Alle Einlieferer für diese Versteigerung, die 25 Lose umfasste, waren englische Adelige oder Kirchenvertreter. Der Maltzan-Einlieferer war der einzige Nichtbrite.

[134] Eine kurze Biografie von Graf Andreas bei Berthold Schmidt, Geschichte des Geschlechts von Maltzan und von Maltzahn, 4 Bde., Schleiz 1900–1926, hier Bd. II, 4, S. 176–182, hier auch Hinweise auf das Kunstinteresse des Grafen und seine Sammlungstätigkeit, die Gemälde, Skulpturen, Möbel und Einrichtungsgegenstände der Renaissance umfasst habe. Die Grafiksammlung und die Bibliothek werden hier nicht erwähnt.

[135] Zu den Details der Provenienz vgl. die Beschreibung im Inkunabelkatalog der Bayerischen Staatsbibliothek, URL: https://inkunabeln.digitale-sammlungen.de/Exemplar_P-860,6.html [12.2.2019] und URL: http://inkunabeln.digitale-sammlungen.de/Exemplar_P-860,6.pdf [12.2.2019].

[136] Christie's (Hg.), Cartography including the Waldseemüller gores, S. 25.

[137] Vgl. die Notiz mit der Überschrift »Hohe Preise für alte Druckwerke« in Weltkunst 30 (1960) Nr. 14, S. 16,

Vielleicht erst aus der Rückschau ist auffällig, dass die Ptolemäus-Inkunabel in eine Reihe von mehr oder weniger bedeutenden Stücken aus britischem Privat- oder Kirchenbesitz aufgenommen wurde. Auch der Auktionsort London ist aufgrund der großen Bedeutung des Blatts für Amerika und für amerikanische Bieter bemerkenswert. In deutlichem Gegensatz zur großen Marketingkampagne und der Erstellung eines eigenen Katalogs, die 1950 für das Hauslab-Liechtenstein-Exemplar und seine Platzierung in einem verkaufsfördernden Umfeld von Americana vorgenommen wurden, mutet die Aufnahme der Ptolemäus-Inkunabel in die Auktion von 1960 fast wie eine verschwiegene Angelegenheit an.

Bei einem Blick in die renommierte Zeitschrift »Weltkunst«, die einen gut sortierten Überblick über das europäische und amerikanische Auktionsgeschehen vermittelt, ist der Auktionstag 31. Mai 1960 bei Sotheby's nur mit einer kurzen und summarischen Notiz mit den Versteigerungsinhalten Bücher, Manuskripte, europäisches Porzellan und Keramik zu finden. In der ersten Mai-Nummer der »Weltkunst« hatte Sotheby's noch höchst aufwendig in einer doppelseitigen Anzeige eine am 17. Mai angesetzte Auktion von Renaissance-Schmuck beworben und in einer weiteren ganzseitigen Anzeige auf die Versteigerung einer bedeutenden Sammlung afrikanischer Kunst am 30. Mai 1960 aufmerksam gemacht. Offensichtlich konnte sich das Auktionshaus der Anwesenheit der überschaubaren Zahl der möglichen Interessenten und Bieter sicher sein.[138]

Allerdings bestand keine Gefahr, dass Kraus ein ihn interessierendes Stück auf einer Auktion etwa übersehen oder aus Kostengründen nicht erwerben würde. Über das Bieterverhalten von Hans Kraus bei Auktionen sind wir durch einen Bericht von Christopher De Hamel, dem Abteilungsleiter für Handschriften bei Sotheby's in London, informiert. Wenn Kraus ein Stück erwerben wollte, dann hatte die Konkurrenz keine Chance. »He bought for stock, not on commission. If you own the greatest books and are not in panic to resell, you can ask the most astonishing prices.« Kraus hatte im Dezember 1959 bei Sotheby's in London bei einem Aufrufpreis von 8000 Pfund Sterling mit 65 000 Pfund Sterling, umgerechnet 750 000 Mark, einen neuen

wonach Hans P. Kraus in dieser Auktion für 23 000 Pfund Sterling ein englisch-französisches Wörter- und Gesprächsbuch, das Los Nr. 5, erworben habe. Dies sei der höchste bis dahin in einer Auktion erzielte Preis für ein Werk des ersten englischen Buchdruckers. Außerdem habe Kraus für 12 500 Pfund Sterling eine der beiden einzig bekannten Karten von Waldseemüller mit dem Namen »America« erworben. Das Los Nr. 6, die *Epitome Margaritae eloquentiae* von Laurentius Gulielmus de Savona, ein ebenfalls von William Caxton 1480 besorgter Druck, ersteigerte ein namentlich nicht genannter Käufer für 12 000 Pfund Sterling.

[138] Weltkunst 30 (1960) Nr. 9, erschienen am 1. Mai mit den ganzseitigen Anzeigen S. 4–6. Die Vorschaunotiz in Weltkunst 30 (1960) Nr. 10, S. 55.

»Weltrekord« für eine illuminierte Apokalypse-Handschrift von 1250 der englischen Abtei St. Albans erzielt, der höchste Preis, der bis dahin für eine Handschrift gezahlt worden war.[139]

Der Kaufpreis von 12 500 Pfund Sterling, umgerechnet 35 000 Dollar[140], für die Ptolemäus-Inkunabel lag für Kraus unter dem Verkaufspreis des Hauslab-Liechtenstein-Exemplars. Er konnte jetzt für sich in Anspruch nehmen, eines der beiden den Namen *America* tragenden Globensegmentblätter zu besitzen. In einem hauseigenen Katalog präsentierte er 1969 mit Besitzerstolz das Blatt. In diesem Verkaufskatalog[141] mit dem Titel *Monumenta cartographica* führte Kraus im Anhang ausgewählte Stücke aus seiner privaten Sammlung auf, darunter als erste Nummer die Ptolemäus-Inkunabel mit den Waldseemüller-Globensegmenten. Dieses Blatt sei das einzige in Privatbesitz. Auffallend ist, dass hier die Globensegmente wieder fälschlicherweise mit einem Ochsenkopf-Wasserzeichen beschrieben werden; bei den Vorbesitzern fehlt hingegen die Angabe der Provenienz Maltzan. Die Inkunabel mit dem Globensegment-Druck blieb Teil seiner privaten Kartensammlung und wurde von Kraus nicht, wie andere Stücke, einer amerikanischen Institution gestiftet.[142] »Ich hoffe, daß kein drittes Exemplar entdeckt wird«[143], war, wie erwähnt, der Wunsch von Hans P. Kraus in seiner 1978 erschienenen Autobiografie.

## Der Ankauf durch die Bayerische Staatsbibliothek

Nach dem Tod von Hans P. Kraus 1988 wurde die Firma von seiner Frau Hanni Kraus weitergeführt. 1990[144] erschien bei H. P. Kraus in Vorbereitung des Jubiläums der Entdeckung Amerikas 1492 durch Kolumbus der Verkaufskatalog *Americana Vetustissima*, der 50 Drucke, Karten und

[139] In Memoriam Hans Peter Kraus (1907–1988). Homage to a bookman; memorial service held on 29 November 1988 at the Pierpont Morgan Library, New York 1989, S. 25–28, Zitat S. 27. Vgl. die Notizen in Weltkunst 30 (1960) Nr. 1, S. 16, und Weltkunst 30 (1960) Nr. 3, S. 4.

[140] Bei Christie's (Hg.), Cartography including the Waldseemüller gores, S. 24, wurden 65 000 Dollar angegeben. Der Umrechnungskurs 1960 Pfund-Dollar betrug 1:2,8, vgl. Weltkunst 30 (1960) Nr. 14, S. 16.

[141] Hans P. Kraus (Hg.), Globes and globe-gores. The H. P. Kraus Private Collection, Ridgefield 1969, S. 3, Nr. 1, als Supplement zu Hans P. Kraus (Hg.), Monumenta cartographica (Kraus Catalogue Nr. 124), New York 1970. Vgl. Kraus, Saga, S. 416.

[142] Kraus, Saga, S. 420–425. Nach der Auktionsbeschreibung des bei Christie's 2017 eingelieferten Exemplars misslang Kraus der Verkauf der Inkunabel mit den Globensegmenten, eine unbelegte Behauptung, die den offensichtlichen Stolz von Kraus auf dieses Stück ignoriert, Christie's (Hg.), Valuable Books and Manuscripts (Auction Wednesday 13 December 2017), London 2017, Los Nr. 97, S. 94–98, hier S. 98.

[143] Kraus, Saga, S. 397, in der deutschen Ausgabe.

[144] H. P. Kraus (Hg.), Americana Vetustissima. Fifty Books, Manuscripts, & Maps Relating to America from the

Manuskripte aus dem Zeitraum 1493 bis 1542 auflistete. Als Nr. 9 wurden hier die Globensegmente angeboten, zur Illustration war eine Abbildung in etwas verkleinerter Form beigegeben. Die Objektbeschreibung orientierte sich an dem seit der Londoner Sotheby's-Versteigerung von 1960 Bekannten. Alle Stücke in dem aufwendig produzierten Katalog waren mit einer Preisangabe versehen, lediglich bei den Globensegmenten war der Preis nur auf Anfrage zu erfahren. Ihre besondere Bedeutung zeigte sich auch darin, dass sie auf der Vorder- und Rückseite des Katalogumschlags abgedruckt waren. Die eigentliche Absicht der Publikation war der Verkauf der Globensegmente und jedem Band war eine der von Christian Nebehay angebotenen Faksimiles der Globensegmente beigegeben.[145]

Im Oktober 1990 erhielt die Bayerische Staatsbibliothek von der Kulturstiftung der Länder den Hinweis, dass das Exemplar der Globensegmente von H. P. Kraus zum Verkauf angeboten würde. Die Entscheidung, das Blatt zu erwerben, fiel sehr schnell, da eine Finanzierung durch mehrere Beteiligte machbar erschien. Noch Ende 1990 konnte der Kauf abgeschlossen werden und das Stück, das sich zu diesem Zeitpunkt in Zürich befand, traf in München ein. An der Finanzierung des Kaufpreises von zwei Millionen DM beteiligten sich der Freistaat Bayern, die Robert Bosch GmbH, Stuttgart, und die Kulturstiftung der Länder. Nach Angaben der Verkäuferin der Inkunabel sei die Bayerische Staatsbibliothek der Library of Congress in Washington zuvorgekommen. »So aber befindet sich wenigstens eines der beiden erhaltenen Exemplare der Globensegmente mit der ersten Bezeichnung *America* wieder in Europa, das sie beide ja erst nach dem Zweiten Weltkrieg verlassen hatten.«[146] Der Stolz, kurz vor dem Amerika-Jahr 1992 wieder eine Zimelie nach Europa zurückgebracht zu haben, ist offenkundig.

Aufgrund des unbestrittenen Werts eines solchen Stücks sind die Gutachten, die in der Ankaufsphase von Professor Uta Lindgren (Universität Bayreuth) und Dipl.-Geogr. Dr.-Ing. Karl-Heinz Meine, Herausgeber des Internationalen Jahrbuchs für Kartographie, für die Bayerische Staatsbibliothek erstellt wurden, nur als Formalien einzuschätzen. Beide hoben die Bedeutung

First Fifty Years after its Discovery (1493–1542). In Celebration of the Columbus Quincentenary (Catalogue 185) New York 1990, S. 30–31, Nr. 9, mit der Beschreibung der Globensegmente.

145 H. P. Kraus (Hg.), Americana Vetustissima, S. 30.

146 Das zu diesem Zeitpunkt Bekannte fasste Franz Georg Kaltwasser, der damalige Direktor der Bayerischen Staatsbibliothek, im Ausstellungskatalog zusammen, der anlässlich der Präsentation dieser bedeutenden Neuerwerbung erschien, Franz Georg Kaltwasser, Der Erwerb der Globensegmente Waldseemüllers von 1507 durch die Bayerische Staatsbibliothek. Der Anlaß zur Ausstellung »America«, in: Kulturstiftung der Länder / Bayerische Staatsbibliothek (Hg.), America. Das frühe Bild der Neuen Welt (Bayerische Staatsbibliothek Ausstellungskataloge 58), München 1992, S. 7–9, Zitat S. 8.

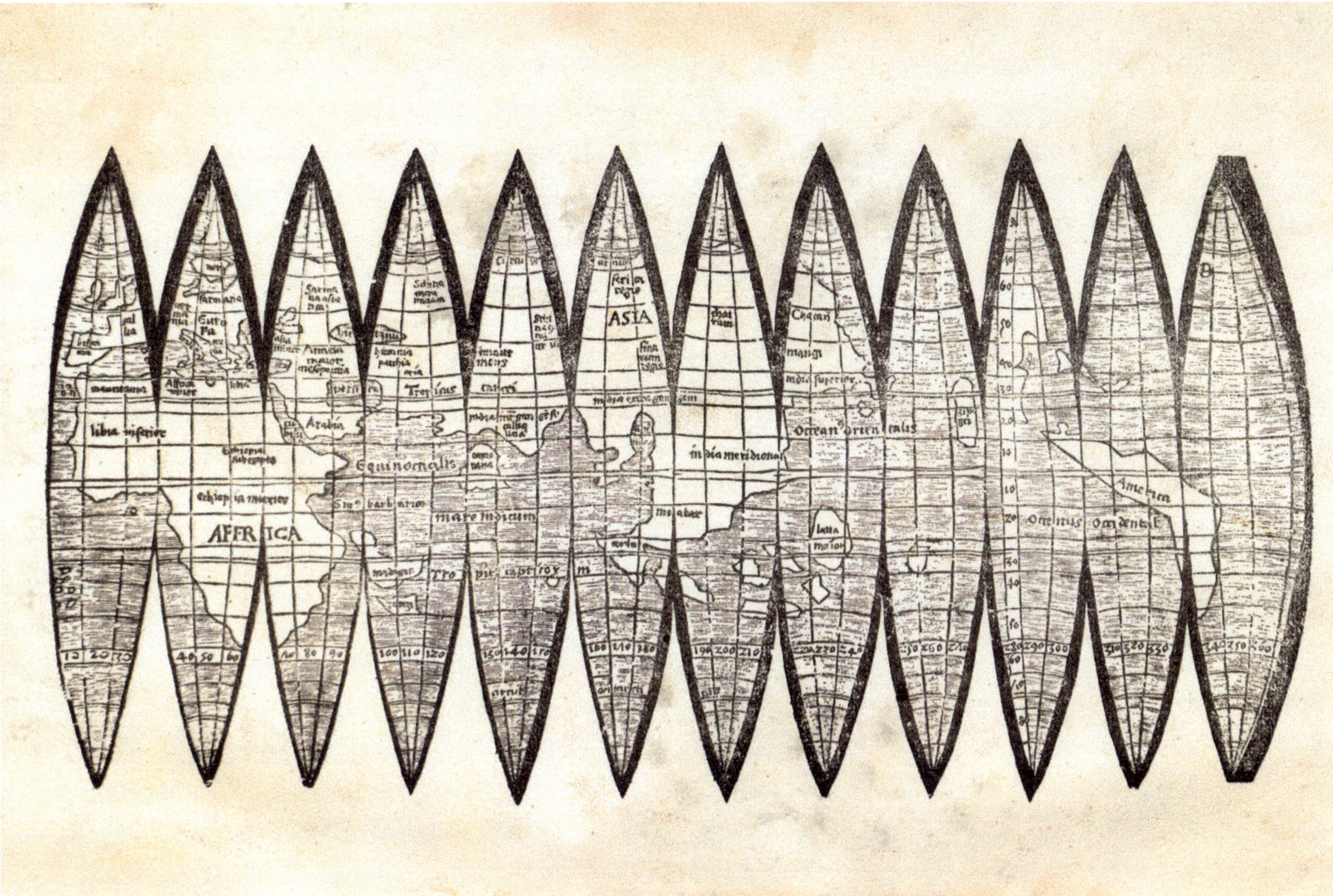


*Das von der Bayerischen Staatsbibliothek 1990 von den Erben von Hans P. Kraus angekaufte Exemplar der Globensegmente.*
*Bayerische Staatsbibliothek München*

*Globus mit einem modernen kolorierten Exemplar der Globensegmente, hergestellt von der Bayerischen Staatsbibliothek München anlässlich der Ausstellung »America. Das frühe Bild der Neuen Welt« 1992. Bayerische Staatsbibliothek München*

und Seltenheit des Stücks hervor und ordneten es in den herausragenden Kartenbestand der Bayerischen Staatsbibliothek ein. Zu diesem Zeitpunkt sah man keine Notwendigkeit, mit den damals verfügbaren technischen Möglichkeiten Inkunabel und Blatt zu untersuchen. Schon mit Blick auf das renommierte Unternehmen H. P. Kraus, von dem die Münchener Bibliothek über viele Jahre hinweg Handschriften, Karten und Drucke erworben hatte[147], gab es keinen Anlass zu Misstrauen.

1992 war das Waldseemüller-Blatt der Mittelpunkt einer international beachteten Ausstellung. Im Vorfeld hatte die Bayerische Staatsbibliothek, allerdings ergebnislos, versucht, sowohl bei der Firma H. P. Kraus als auch bei Sotheby's weitere Informationen zur Provenienz der Ptolemäus-Inkunabel zu erlangen. Auch eine Kontaktaufnahme mit Vertretern der Familie Maltzan als dem Einlieferer zur Auktion 1960 blieb ohne greifbares Ergebnis. In der Folgezeit wurde nun die Inkunabel katalogisiert und die Besitzvermerke konnten detailliert beschrieben werden.[148] Inkunabel[149] und Karte[150] sind heute digital verfügbar.

[147] Unter den Handschriften sind zu nennen Albrecht von Scharfenberg, Der Jüngere Titurel, Cgm 8470, und die Weltchronik des Rudolf von Ems, Cgm 8345. Beispiele für Drucke sind Maynus de Mayneriis, Dialogus creaturam, 2 Inc. c. a. 963 h; Bartholomaeus Angelicus, De las propiedades, 2 Inc. c. a. 3013 m, und für Karten Paolo de Forlani, La descrittione del Ducato di Baviera, Venedig 1566, Mapp. XI, 24 xf.

[148] BSB-Ink P-860,6 (Signatur: 2 Inc. c. a. 1820 a), vgl. URL: http://inkunabeln.digitale-sammlungen.de/Exemplar_P-860,6.pdf [12.2.2019].

[149] URL: http://daten.digitale-sammlungen.de/~db/0008/bsb00082908/images/ [12.2.2019].

[150] URL: http://daten.digitale-sammlungen.de/~db/0001/bsb00013398/images/ [12.2.2019].

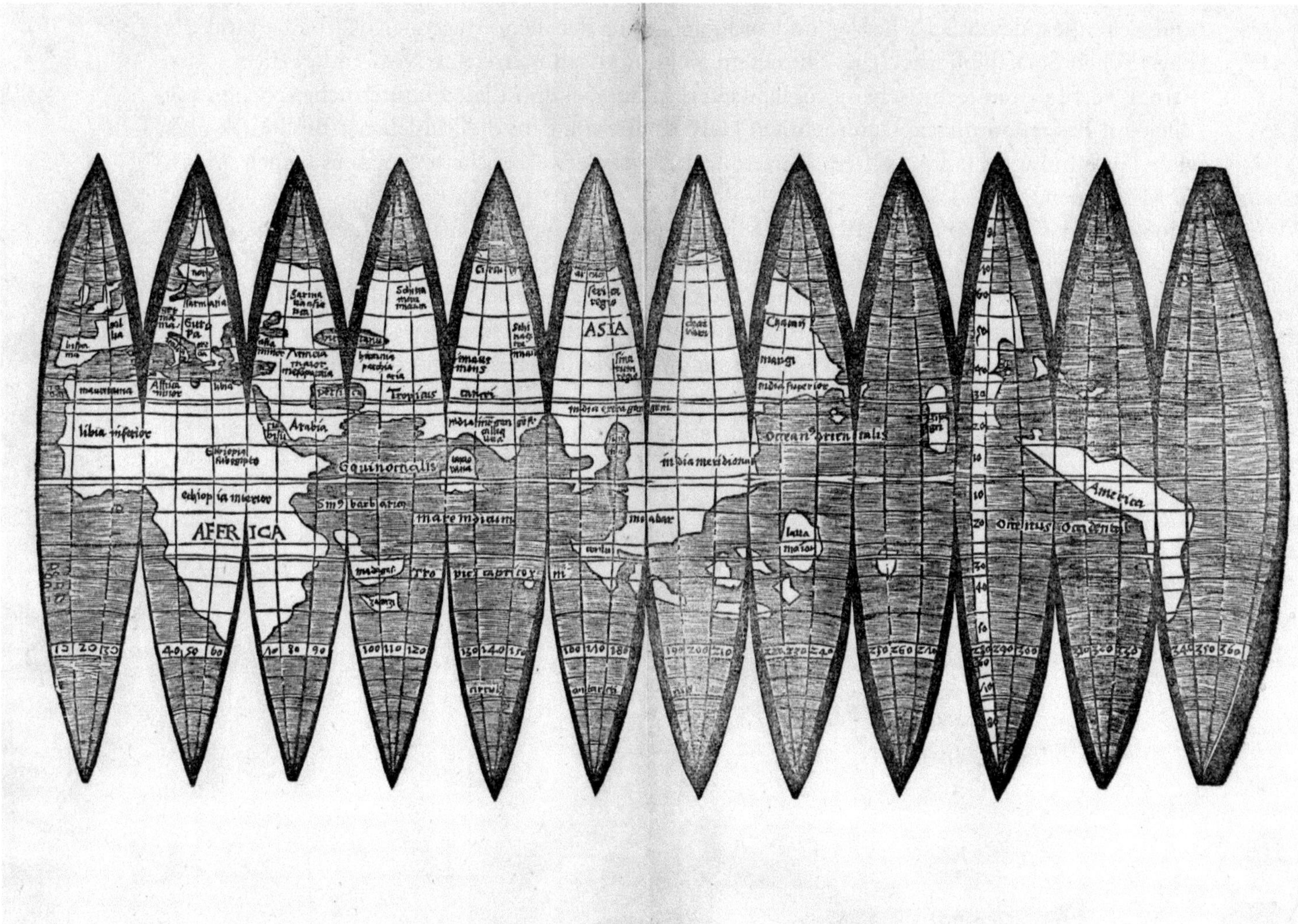


*Das 1993 in Offenburg neuentdeckte Exemplar der Globensegmente.*
*Stadt Offenburg, Historische Bibliothek*

## 3 DAS OFFENBURG-EXEMPLAR UND DIE EXEMPLARE CHRISTIE'S2005 UND CHRISTIE'S2017

Als Folge des Medieninteresses am Ankauf des Kraus-BSB-Exemplars gelang 1993 die Auffindung eines weiteren Blattes der Globensegmente, das Offenburg-Exemplar. Das Blatt war in einen Aristoteles-Druck von 1541 eingebunden. Es war zunächst Teil der Bibliothek des Franziskanerklosters in Offenburg und kam dann über die Bibliothek des Grimmelshausen-Gymnasiums an die Stadtbücherei Offenburg.[151]

Ein weiteres Exemplar eines Blattes mit den Globensegmenten wurde am 8. Juni 2005 bei Christie's in London verkauft. Der Umschlag des Auktionskatalogs war mit einer großformatigen Abbildung illustriert, das Blatt selbst war mit Lot 17 der Schluss- und Höhepunkt der Versteigerung. Im Auktionskatalog hieß es zum anonymen Einlieferer und zu den Fundumständen: »The present example was discovered in February 2003 when the owner, on reading an article in the Frankfurter Allgemeinen Zeitung on the Munich copy, realized he owned a similar map amongst his large collection of books and ephemera.«[152] Der erzielte Preis betrug 545 000 Pfund Sterling, das Exemplar befindet sich im Eigentum von Charles Frodsham and Co. Ltd.[153]

In diesem von Christie's erstellten Auktionskatalog wurden zum ersten Mal die Wasserzeichen aller vier Exemplare verglichen. Dabei stellte sich heraus, dass das Hauslab-Liechtenstein-Exemplar und das bei Christie's 2005 angebotene Exemplar übereinstimmende Wasserzeichen besitzen, während das Kraus-BSB-Exemplar und das Offenburg-Exemplar keine Wasserzeichen haben. »The example offered here is on almost identical paper to the Hauslab-Liechtenstein-Bell-Minneapolis copy, both in the form and dimensions of the watermark and in chain line width.

151 Zusammenfassend der Ausstellungskatalog der Historischen Bibliothek Offenburg, Susanne Asche (Hg.), Neue Welt & altes Wissen. Wie Amerika zu seinem Namen kam; eine Ausstellung mit Kostbarkeiten der Historischen Bibliothek Offenburg, Offenburg 2006. Der hier veröffentlichte Beitrag von Ute Obhof, Der Erdglobus, der Amerika benannte, S. 45–53, mit einer Abbildung der Offenburger Globensegmente auf S. 50–51, ist identisch mit Ute Obhof, Der Erdglobus, der Amerika benannte. Die Überlieferung der Globensegmente von Martin Waldseemüller aus dem Jahre 1507, in: Zeitschrift für Deutsches Altertum und deutsche Literatur 135 (2006), S. 474–480, und Ute Obhof, Der Erdglobus, der Amerika benannte: die Überlieferung der Globensegmente von Martin Waldseemüller, in: Der Globusfreund Nr. 55/56 (2009 [für 2007 / 2008]), S. 13–21, hier mit Abbildungen.

152 Christie´s (Hg.), Cartography including the Waldseemüller gores, Nr. 17, S. 24, Abbildung und URL: http://www.christies.com/lotfinder/Lot/martin-waldseemuller-c1470-c1522-world-map-4516015-details.aspx [12.2.2019]; Obhof, Der Erdglobus, S. 479.

153 So Chet Van Duzen, Details, S. 11 Anm. 3.

The margins of the paper sheet of the Minneapolis copy are smaller than the other two examples in Germany. It should be noted that the sketch of the watermark on the Liechtenstein example depicted in the Parke Bernet catalogue of 1950 bears only a passing resemblance to reality. The Bavarian State Library copy, despite being catalogued twice by H. P. Kraus as having a bulls head, cross and serpent mark, unfortunately has no such watermark, although the 1486 Ptolemy atlas in which it has been inserted does have a bulls head mark.«[154] Im Gegensatz zu dieser Aussage findet sich in der detaillierten Beschreibung im Inkunabelkatalog der Bayerischen Staatsbibliothek kein Hinweis auf ein Wasserzeichen des Papiers der Inkunabel.[155]

2006 verglich Ute Obhof die ihr zugänglichen Exemplare in Bezug auf die Qualität der Abzüge. Zu den Globensegmenten des Kraus-BSB-Exemplars stellte sie fest, dass der Abdruck nicht einwandfrei gelungen sei, sie merkte Unschärfen an, Buchstaben zeigten Schatten, beispielsweise bei den Worten *Hispania*, *Gallia*, *Ethiopia*, und sie schloss daraus, dass wahrscheinlich die Beschaffenheit des Papiers für den Druck nicht optimal geeignet war. Zum Offenburg-Exemplar urteilte sie: »Klarer, scharfer Abdruck ohne Makel. Die Segmente 2, 3 und 11 sind selbst an der unteren Spitze im Umriß glatt, wo bei allen anderen bekannten Exemplaren kleine Scharten und Einbuchtungen feststellbar sind. Möglicherweise handelt es sich um das bisher älteste überlieferte Exemplar, da der Abdruck keinerlei Hinweise auf Abnutzungserscheinungen des Holzstocks zeigt. Die Beschaffenheit des Papiers dürfte zum Gelingen des hervorragenden Abdrucks beigetragen haben.«[156] Auch zu diesem Zeitpunkt, als insgesamt vier Exemplare der Globensegmente bekannt waren, gab es keinerlei Verdachtsmomente, dass sich darunter eine Fälschung befinden könnte.

Das Exemplar der 2012 in der Universitätsbibliothek München gefundenen Globensegmente, hergestellt nach 1507 und vor 1513/1516, ist von einem anderen Druckstock angefertigt worden. Die Authentizität ist aufgrund einer Reihe von markanten Abweichungen zu den bislang bekannten Blättern gesichert und steht außer jedem Zweifel.[157]

[154] URL: http://www.christies.com/lotfinder/Lot/martin-waldseemuller-c1470-c1522-world-map-4516015-details.aspx [12.2.2019].

[155] URL: http://inkunabeln.digitale-sammlungen.de/Exemplar_P-860,6.pdf [12.2.2019].

[156] Obhof, Der Erdglobus, S. 49.

[157] Sven Kuttner, Die Globussegmentkarte Martin Waldseemüllers in der Universitätsbibliothek der Ludwig-Maximilians-Universität München, in: Bibliotheksforum Bayern 7 (2013), S. 112–115; Chet van Duzer, Details, Date, and Significance of the Fifth Set of Waldseemüller's Globe Gores Recently Discovered in the Munich University Library, [12.2.2019], URL: https://razoncartografica.files.wordpress.com/2012/07/van-duzer-waldsee-

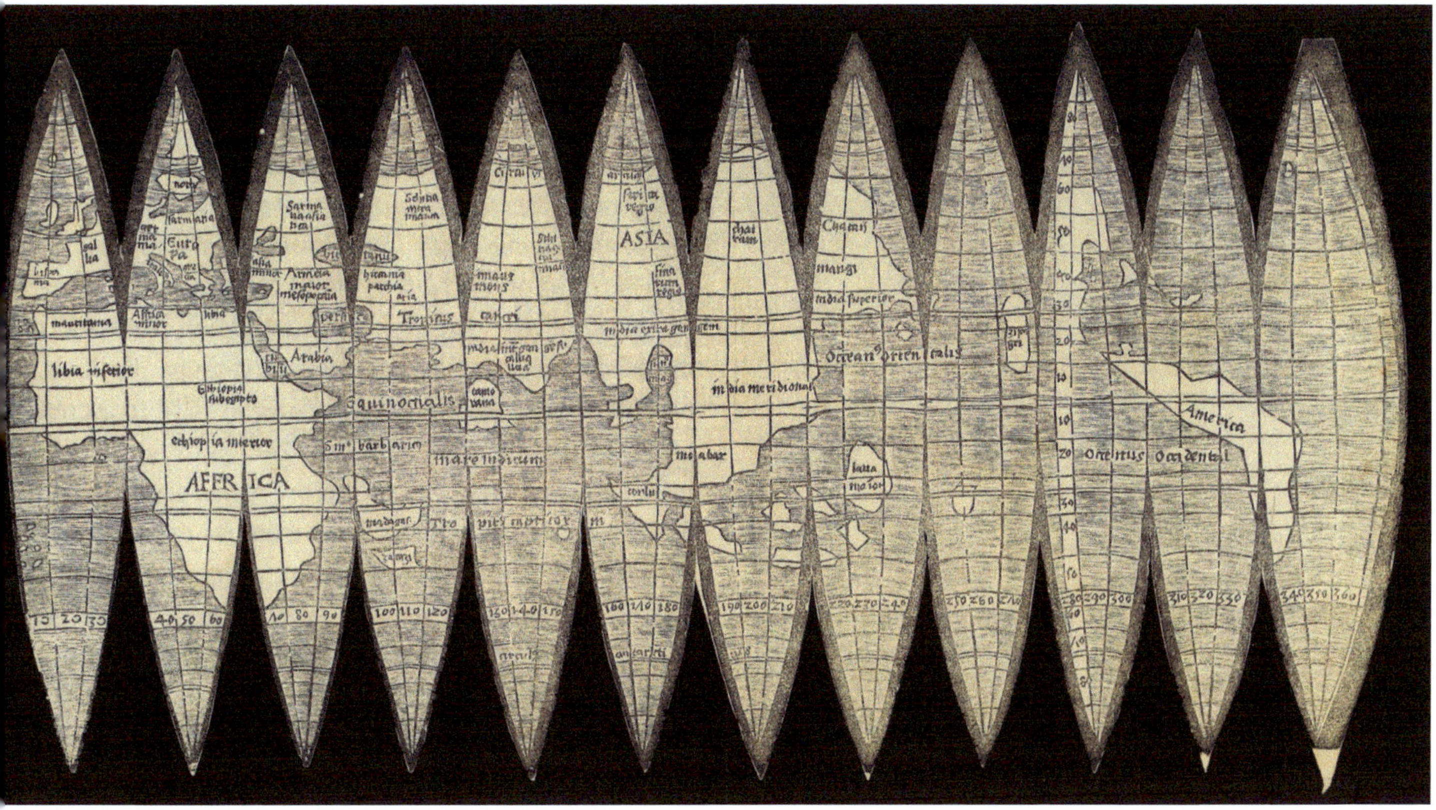


*Abbildung aus dem Auktionskatalog des 2005 bei Christie's versteigerten Exemplars. Bayerische Staatsbibliothek München*

Die oben beschriebene Einlieferung eines fünften Exemplars aus britischem Privatbesitz, das zur Versteigung bei Christie's in New York am 13. Dezember 2017 vorgesehen war, brachte dann jedoch die Fälschungsdiskussion über Nacht ins Rollen. Nachdem die ausführliche Würdigung im Auktionskatalog vorlag und Bildmaterial online zur Verfügung stand, wurden die ersten Zweifel laut. Schließlich wurde das Blatt wegen begründeten Fälschungsverdachts von der Versteigerung zurückgezogen.

Als Provenienz war vermerkt »from the collection of Arthur B. Drescher, and thence by descent to the current owner«. [158] Diese Angabe führte in der Folge der Fälschungsdiskussion zu wilden Spekulationen. »Vermutlich handelt es sich hierbei jedoch um eine gezielt falsche Fährte des Einlieferers, der wußte, daß er eine Fälschung einliefert, denn es bietet sich sicherlich an, einen verstorbenen Fachmann und eingewanderten ›Hunnen‹ als Vorbesitzer anzugeben, und nicht einen lebenden Briten.«[159] Aufgrund der bekanntgewordenen Unregelmäßigkeiten könne deshalb kein Grafikspezialist beteiligt gewesen sein und ein Restaurator, besonders Drescher, sei als Fälscher auszuschließen.

Wie aber oben gezeigt wurde, schließt sich mit der Person von Arthur Bruno Drescher der Kreis von der Restaurierung des Hauslab-Liechtenstein-Exemplars bis zum Einlieferer des Blatts bei Christie's 2017. Im folgenden Kapitel soll deshalb die Generation der »unsichtbar Restaurierenden«, die Brüder Carl und Max Schweidler und ihr talentiertester Schüler Arthur Drescher, näher vorgestellt werden.

muller-globe-gores-munich-english.pdf; vgl. URL: http://www.ub.uni-muenchen.de/aktuelles/neuheiten/waldseemuellerkarte/index.html [12.2.2019].

[158] Christie's (Hg.), Valuable Books and Manuscripts, Los Nr. 97, S. 94–98, hier S. 98.

[159] Müller-Straten, Christian, »Die Karte ist wertlos«: Dramatischer Wertverlust wegen blinden Vertrauens, URL: http://blog.museum-aktuell.de/archives/393-Die-Karte-ist-wertlos-Dramatischer-Wertverlust-wegen-blinden-Vertrauens.html [12.2.2019], vom Februar 2018.

*Abbildung des Exemplars der Globensegmente aus dem Besitz der Nachkommen von Arthur B. Drescher aus dem Auktionskatalog von Christie's. Bayerische Staatsbibliothek München*

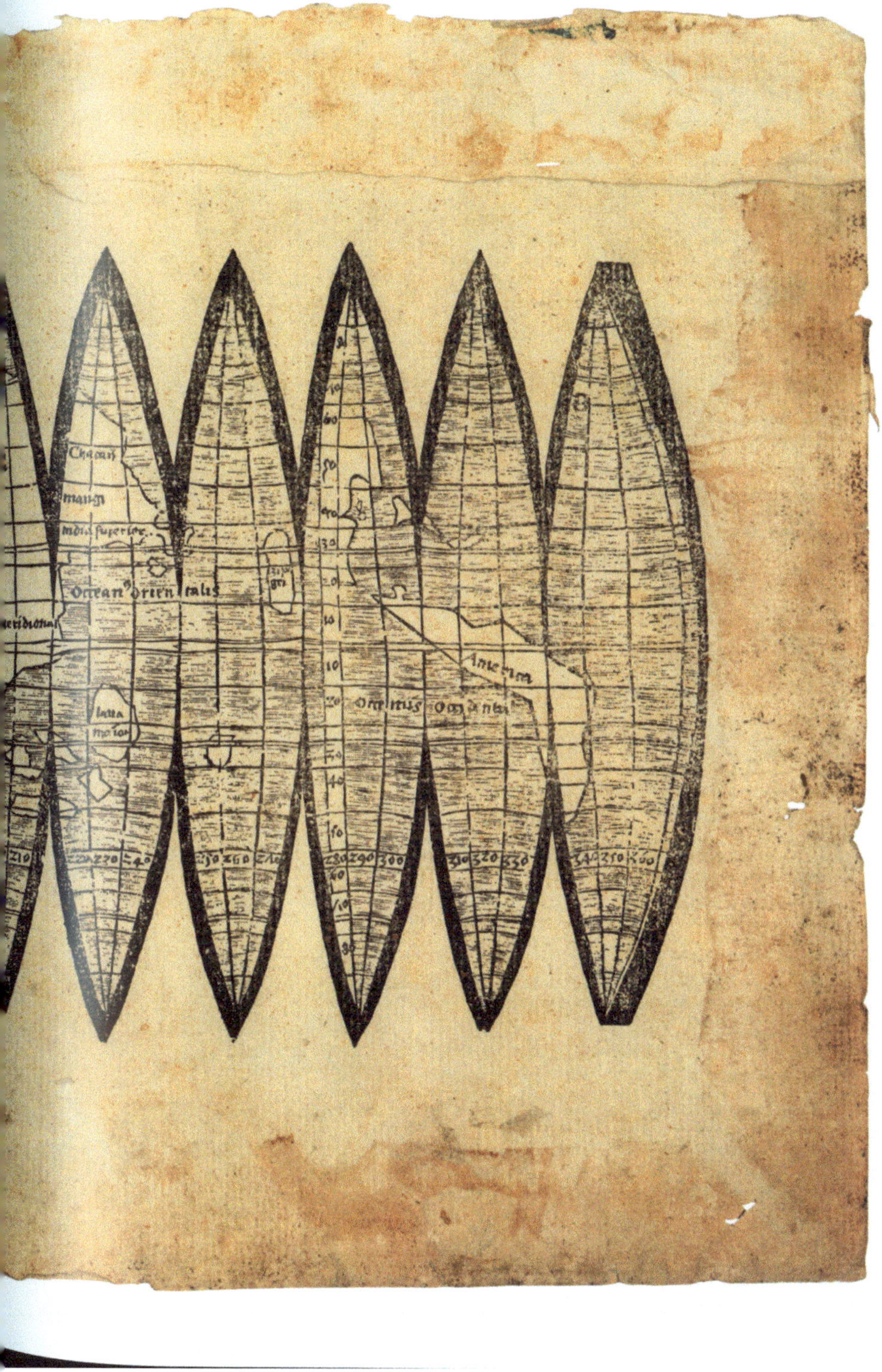
Chatai
mangi
india superior
America

# II

# Die Kunst des »Schweidlerns« und die Meister der unsichtbaren Reparatur: Carl Schweidler, Max Schweidler und Arthur Bruno Drescher

Die einzigen Namen, die in der Diskussion um die Anfertigung der gefälschten Globensegmentblätter bislang auftauchten, sind die der Brüder Carl und Max Schweidler[160] sowie Arthur Bruno Drescher, dessen Nachfahren das Christie's2017-Exemplar eingeliefert hatten. Auch dem Christie's-Spezialisten Julian Wilson war Anfang Dezember 2017 der Zusammenhang von Arthur Drescher, der Lehrling bei Carl Schweidler war, mit den Schweidler-Brüdern aufgefallen. Doch verwechselte er Carl und Max Schweidler.[161] Dem Rätsel über die gefälschten Abzüge der Globensegmente kommt man etwas näher, wenn man die Brüder Schweidler und Arthur Bruno Drescher, der im März 1950 vor dem Versteigerungstermin im Mai die Ausbesserungen am Hauslab-Liechtenstein-Exemplar vorgenommen hatte, näher betrachtet. Eingehende biografische Details zu Carl und Max Schweidler fehlen bislang. So soll zunächst das zum Teil an entlegener Stelle zu findende Material über die beiden Brüder kurz referiert werden.

Mit Max Schweidler und seinem älteren Bruder Carl verbindet man im Restaurierungsgewerbe den Ausdruck »schweidlern« beziehungsweise im englischen Sprachraum »schweidlerize« oder »schweidlerization«.[162] Darunter ist die fast nicht zu erkennende Reparatur von Fehlstellen in

[160] Vgl. den Artikel von Corey Levitan, The map man, vom 8.1.2018 über den amerikanischen Altkartenspezialisten Alex Clausen, der als mögliche Fälscher Carl und Max Schweidler anführt und das Datum der Fälschung in den 1940er- und 1950er-Jahren ansetzt, ohne allerdings einen Nachweis dafür zu bringen, URL: http://enewspaper.lajollalight.com/html5/desktop/production/default.aspx?pubid=ccfa8a4e-30d9-4f6c-a77a-e822b4e06827&edid=31b7933b-a311-4f10-ad6b-91e7423060c2&pnum=40 [12.2.2019]. Die Schweidler-Spur wurde kurz darauf vom Blog Map Room aufgenommen, allerdings ohne weitere Belege, vgl. Tony Campell, Alex Clausen and the Fake Waldseemüller Globe Gores, in: The map Room, 18.1.2018, URL: https://www.maproomblog.com/2018/01/alex-clausen-and-the-fake-waldseemuller-globe-gores/ [12.2.2019], vom 11.1.2018.

[161] E-Mail von Julian Wilson an die Bayerische Staatsbibliothek, 5.12.2017, Bayerische Staatsbibliothek, Abteilung Karten und Bilder, Registratur 1227.

[162] Eine kurze Beschreibung der angewandten Technik bei Susanne Wagini, Johann Michael von Hermann (1793–1855). »Erfinder der wahren Kupferstich-Restauration« und Vorläufer von Max Schweidler, in: Wagini, Susanne (Hg.), Lucas van Leyden (1489/94–1533). Meister der Druckgraphik, Berlin/München 2017, S. 286–291, hier S. 290. Sehr anschaulich schreibt auch Jane McAusland, Journal of the American Institute for Conservation 46 (2007), S. 82–85, in ihrer Rezension von Max Schweidler, The Restoration of Engravings, Drawings, Books and Other Works on Paper, translated, edited, and with an appendix by Roy Perkinson, Los Angeles, 2006, über diesen Ausdruck: »The verb to ›Schweidlerize‹ was first brought to my attention early on in my career as a paper conservator, which I began as an apprentice in 1959. My young eyes were used by my Master, Mordaunt Barnard, at sales of Old Master prints held at the London auction houses to spot the amazingly skillful, if deceitful, repairs practiced in Berlin and commonly seen then on Rembrandt etchings, Dürer engravings, and the other Old Master works. As one of a partnership dealing in these masterpieces of graphic art, it was highly important for Barnard to spot the added areas of missing print, false margins, and watermarks originally introduced to enhance their appearance – and increase their value. These invisible repairs had by that time become a

Grafikblättern zu verstehen. »Seine nahezu unkenntlichen Wiederherstellungen eines ehemals beschädigten Blattes geben vor, ein gut erhaltenes Exemplar vor Augen zu haben.«[163] Die Tochter von Carl Schweidler beschrieb dieses »schweidlern«, wie sie es nennt, nach ihren Erfahrungen als Lehrling bei ihrem Vater. »Unter Insidern wurde die erfolgreiche Reparatur beschädigter Kunstwerke ›schweidlern‹ genannt. (…) Bei der Restauration alter Druckgraphik ist die Ergänzung schadhafter Papiersubstanz das größte Problem. Ein vom Alter und der Beschaffenheit her möglichst ähnliches Papier muß gefunden und in die Fehlstelle eingearbeitet werden. Vater besorgte sich aus Klöstern, alten Archiven und Antiquariaten historische Papierreste und teilzerstörte Drucke und legte sich ein Papierlager an. Die zu reparierenden Drucke wurden mit klarem Wasser gereinigt, bei starker Verschmutzung und zum Lösen von alten Flickstellen wurde kochendes Wasser verwendet. Papierergänzungen wurden eingepaßt und an den Rändern mit skalpellartigen Spezialmessern verdünnt. Den Kleber kochte mein Vater aus Stärke selbst in der Küche, das Rezept kenne ich nicht.«[164] Die Tochter mühte sich eineinhalb Jahre, »Vaters Künste«, wie sie schreibt, zu erlernen, doch vergeblich, da ihr Vater ein schwieriger Mann und schlechter Pädagoge gewesen sei.[165]

Das »Schweidlern« oder die englische Form »schweidlerized« ist in Fachkreisen bis heute ein gängiger Begriff. 2009 diskutierte das Blog Oldprints über die Varianten dieses Begriffs und kam zu drei Deutungen: Entweder sei der Druck eine Fälschung oder er sei äußerst kenntnisreich für das Auge unsichtbar restauriert oder es käme ein über dem tatsächlichen Wert des Drucks liegender Verkaufspreis in Betracht.[166]

bit of a minefield for purchasers.« Vgl. auch die von Perkinson geschilderte Episode von 1967, als er den Begriff »schweidlerized« zum ersten Mal hört, Max Schweidler, The Restoration of Engravings, Drawings, Books and Other Works on Paper, translated, edited, and with an appendix by Roy Perkinson, Los Angeles, 2006, XI. Vgl. auch Antony Griffiths, The archeology of the print, in: Baker, Christopher (Hg.), Collecting prints and drawings in Europe, c. 1500–1750, Burlington 2003, S. 9–28, hier S. 24 Anm. 31: »American colleagues pronounce the name of Carl Schweidler of Berlin with appalled admiration, and have coined the verb ›to Schweidlerize‹«.

163 Wagini, Hermann, S. 290. Max Schweidler scheute offensichtlich auch nicht davor zurück, falsche Wasserzeichen herzustellen.

164 Aufzeichnungen von Ingeborg Otto, um 1992, Nachlass Carl Schweidler, Berlin, Mitte Museum, Archiv.

165 Zum Vergleich eine Aussage aus dem Jahr 1950 von Peter Halm, dem damaligen Direktor der Staatlichen Graphischen Sammlung in München, der bei seiner Suche nach einem Restaurator, der in der Papierrestaurierung ausbilden solle, die Erfahrung machte, dass »die Restauratoren niemanden in ihre Künste, aber auch in die Hintergründe dieser Künste hineinsehen lassen wollen.«, Michael Semff (Hg.), Künstler zeichnen. Sammler stiften, 3 Bde., Ostfildern 2008, hier Bd. 3, Die Graphische Sammlung von A-Z, S. 98f.

166 URL: https://oldprints.ch/2009/03/17/your-print-has-been-schweidlerized/ [17.2.2019]. Ein Beispiel für das

## Carl Schweidler

Carl Schweidler wurde am 11. Dezember 1883 in Berlin geboren und starb dort am 18. Januar 1962.[167] Über sein Leben geben nur wenige gedruckte Quellen und vereinzelte archivalische Quellen[168] verlässliche Auskunft. Biografische Details überliefern die Erinnerungen, die Ingeborg Otto, die 1931 geborene Tochter Carl Schweidlers aus dessen zweiter Ehe, 1992 anlässlich der Übergabe des Teilnachlasses ihres Vaters an das Berliner Mitte Museum niedergeschrieben hat.[169] Er habe ursprünglich das Maler- und Tapeziererhandwerk erlernt und sich autodidaktisch die Fähigkeiten zur Restaurierung von Drucken beigebracht. Der Vater habe sich in Sammlerkreisen einen Namen erworben und gut zu tun gehabt.

Im Nachruf von 1962 wird Carl Schweidler als herausragender Restaurator beschrieben, der nach seiner Lehre als Lithograf ein eigenes Verfahren zur Reinigung und Restaurierung von grafischen Blättern entwickelt habe. Bei Blättern von Dürer und Schongauer habe er die Wiederherstellung der ursprünglichen Brillanz eines frühen Abzugs angestrebt. Das Wichtigste bei der Ergänzung eines beschädigten Kupferstichs oder einer Radierung sei, wie auch die Tochter betonte, die Beschaffung von Papier aus der Zeit des Originals. »Er besaß eine außerordentlich zeichnerische Begabung, die es ihm erlaubt hätte, täuschend exakt Ergänzungen schwer beschädigter Blätter vorzunehmen.«[170] Deutlich spricht der Autor des Nachrufs an, dass Carl Schweidler die Grenzen, die einem Restaurator gesetzt sind, gekannt habe.

»concept of restauration as falsification« eines Dürer-Blattes bei Lauren Laz / Olivier Masson / Michaela Ritter, Durer's Adam and Eve and a Possible ›Schweidlerization‹, in: Print Quarterly XXXI (2014), S. 259–269, hier S. 268f., bei dem verschiedene Mitglieder der Familie Schweidler infrage kommen.

167 Göpel, Nur ein Handwerker, S. 7–8; ders., Ein Kupferstichrestaurator. Erinnerungen an Carl Schweidler, in: Frankfurter Allgemeine Zeitung, 7.2.1962, S. 24. Der Nachruf in der Frankfurter Allgemeinen Zeitung in englischer Übersetzung bei Max Schweidler, Restoration, ed. Perkinson, S. 15. Die Lebensdaten nach der Heiratsurkunde und der Sterbeurkunde von Carl Schweidler, Nachlass Carl Schweidler, Berlin, Mitte Museum, Archiv.

168 Der Nachlass Carl Schweidler in Berlin, Mitte Museum, besteht aus einigen wenigen Dokumenten, Abbildungen aus den 1930er-Jahren und aus dem Wohnungsinventar von 1962; das Bundesarchiv Koblenz, Dienststelle Berlin, verwahrt Unterlagen zur Mitgliedschaft Carl Schweidlers in der Reichskulturkammer; das Goethe und Schiller Archiv Weimar weist einen kleinen Briefwechsel mit dem Insel-Verleger Kippenberg nach.

169 Aufzeichnungen von Ingeborg Otto, um 1992, Nachlass Carl Schweidler, Berlin, Mitte Museum, Archiv. Bemerkenswerterweise wird in diesen Notizen der jüngere Bruder Max Schweidler mit keinem Wort erwähnt.

170 Göpel, Handwerker, S. 7. In der Praxis kam natürlich diese Form von »Restaurierung« zur Anwendung, wie das Beispiel eines Kupferstichs von Israhel van Meckenem aus dem Bestand der Staatlichen Graphischen Sammlung in München zeigt. Hier wurde nicht nur der ergänzte Blattbereich fast unkenntlich angesetzt, auch »der

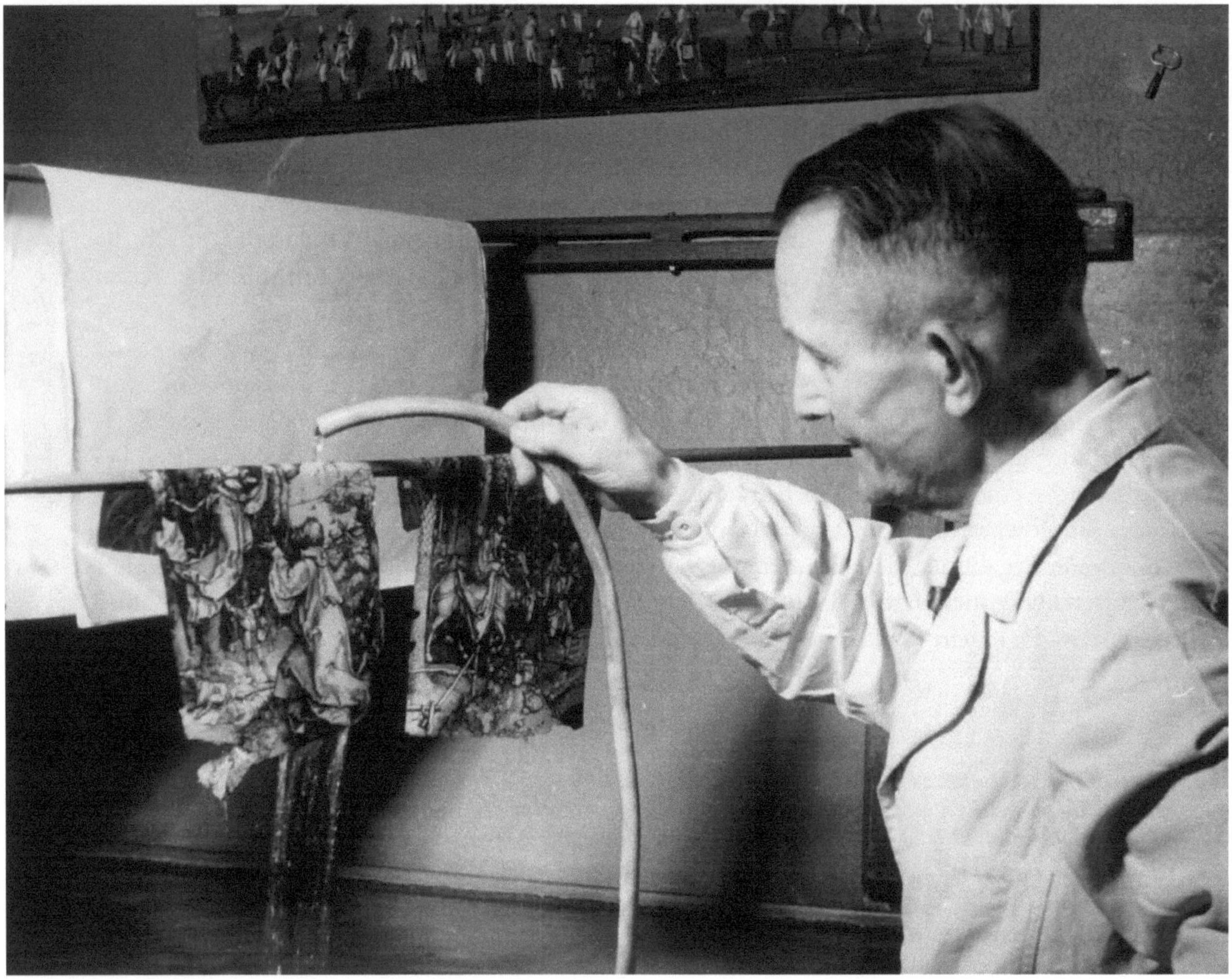

*Carl Schweidler (1884–1962) um 1930 in seiner Berliner Werkstatt.*
*Mitte Museum/Bezirksamt Mitte von Berlin/Bestand Schweidler (Pressebild-Verlag Schirner, Schirner Negativ-Nr. 18594/5a)*

Carl Schweidler hatte bereits 1931 einen internationalen Ruf. Als zu dieser Zeit der Sammler Lessing J. Rosenwald (1891–1979) einen Restaurator suchte, um einen Rembrandt-Druck, der auf einer Ausstellung beschädigt worden war, zu restaurieren, wurde ihm von den amerikanischen Fachleuten der Berliner Carl Schweidler empfohlen. Das Blatt wurde zu Schweidler nach Berlin gebracht, der für eine 15-minütige Arbeit 400 Dollar abrechnete. Schweidler versicherte danach dem Sammler, dass der Stich nun denselben Wert wie vor der Beschädigung habe.[171]

Besonders hervorgehoben wird in seinem Nachruf seine Zusammenarbeit mit den bekannten Namen der Kunsthändlerszene der ersten Hälfte des 20. Jahrhunderts. Genannt werden Gustav Mayer (1873–1954)[172] von Colnaghi in London, der bereits erwähnte Richard Zinser, Hans Boerner (1871–1947) und Eduard Trauscholdt (1893–1976), beide bei C. G. Boerner Leipzig / Düsseldorf[173], Richard Gutekunst (1870–1971) und Dr. August Klipstein (1885–1951)[174] mit einer gemeinsamen Firma in Bern und mit Heinrich Eisemann (1890–1972) (Frankfurt / London)[175]. Ergänzend dazu nennt Ingeborg Otto die Wiener Kunsthandlung Leopoldine Zelenka[176] sowie die

fehlende Teil der Darstellung wurde in schwarzer Tusche, die Kupferdrucktechnik imitierend, retuschiert«, Michael Semff (Hg.), Künstler zeichnen. Sammler stiften, Bd. 3, Die Graphische Sammlung von A-Z, S. 100.

171 Mark Stevenson, Print Restoration in Northern Europe: Development, Traditions and Literature from the Late Renaissance to the 1930s, in: National Gallery Washington (Hg.), Conservation Research 1995, S. 111–128, hier S. 121f.

172 Vorbesitzer von Kupferstichen, die dann im Besitz der Liechtenstein-Sammlung waren und die zwischen 1949 und 1952 über Colnaghi weiterverkauft wurden. Zur Biografie vgl. URL: https://de.slideshare.net/mhaunton/colnaghi-art-dealing-conference-slides-relating-to-gustavus-mayer-and-family [12.2.2019]. Zu Gustav Mayer und seiner Rolle Mitte der 1930er-Jahre beim letztlich gescheiterten Verkauf des Bestands der Wiener Albertina nach Amerika vgl. Walter Koschatzky, Faszination Kunst. Erinnerungen eines Kunsthistorikers, Wien / Köln / Weimar 2001, S. 125–136. Mayer erlitt dabei große finanzielle Einbußen. Vgl. auch Henry P. Rossiter, The Albertina for Boston?, in: Apollo. The magazine of the Arts 8 (1972), S. 135–137.

173 Vgl. Ruth-Maria Muthmann (Hg.), Von Schongauer bis Beckmann. Zeichnungen und Druckgraphik aus fünfhundert Jahren, Leipzig 1990, S. 5–12.

174 Zu Richard Gutekunst und August Klipstein und ihrer seit 1919 in Bern bestehenden Firma vgl. Fehlmann, Eberhard W. Kornfeld und der Kunsthandel in Bern, S. 5–10, und die unpaginierte Einleitung bei Eberhard W. Kornfeld, Kunstwerke.

175 URL: http://www.britishmuseum.org/research/search_the_collection_database/term_details.aspx?bioId=126069 und https://ilabprize.org/articles/heinrich-eisemann-1890–1972-antiquarian-booksellers-exile [12.2.2019]. Vgl. Fischer, Verleger, Buchhändler und Antiquare, S. 59f. und Institut für Zeitgeschichte (Hg.), Biographisches Handbuch der deutschsprachigen Emigration nach 1933, München 1980, Bd. 1, S. 149.

176 Wahrscheinlich die auf Grafik spezialisierte Filiale von Gilhofer und Ranschburg, die 1924 in Luzern eröffnet

Sammler William Schab[177] und den ebenfalls 1938 emigrierten Fritz Hofheimer als Auftraggeber in der Zeit vor dem Zweiten Weltkrieg. Hofheimer nahm nach Kriegsende wieder Kontakt zu Carl Schweidler auf, ebenso wie die Galerie Nierendorf.[178] Während des Zweiten Weltkriegs soll Carl Schweidler die Objekte, die ihm von ausländischen Kunsthändlern zur Restaurierung übergeben worden waren, nicht als feindliches Eigentum angegeben und damit vor der Beschlagnahmung gerettet haben. Zur Zeit der Bombenangriffe auf Berlin habe er die Kunstwerke, die einen Wert von mehreren 100 000 Mark umfasst hätten, im Keller versteckt.[179]

In den beiden von Erhard Göpel verfassten Nachrufen von 1962 wird die Periode zwischen 1933 und 1945 ausgespart. Im Bundesarchiv in Berlin-Lichterfelde haben sich nur Spuren aus dieser Zeit gefunden. Die wenigen Akten zu Carl (Karl) Schweidler dokumentieren seine Mitgliedschaft in der Reichskammer der Bildenden Künste. Schweidler hatte mehrere Jahre versucht, dieser Zwangsmitgliedschaft zu entgehen und trat erst 1940 nach längerem Schriftwechsel mit der Reichskammer der Bildenden Künste bei. Dieser Schriftwechsel zeigt die internationale Tätigkeit des Berliner Restaurators und dokumentiert auch die hohen Einkünfte, die er bis 1938 erzielte.[180] Deutlich wird hier auch, dass Carl Schweidler als Restaurator ein wohlhabender Mann

wurde und von der Prokuristin Leopoldine Zelenka geleitet wurde, Hupfer, Geschichte des antiquarischen Buchhandels in Wien, S. 152.

177 Wilhelm (William) H. Schab (1887–1975), Österreicher, der 1938 in die USA emigrierte, war Antiquar und Kunsthändler. Er trat 1905 in das Antiquariat Gilhofer und Ranschburg ein und eröffnete 1924 eine Filiale in Luzern. Schwerpunkte der Geschäftsfelder waren der An- und Verkauf von Zeichnungen, Stichen und Handschriften, vgl. URL: https://www.ilab.org/articles/gilhofer-ranschburg, [12.2.2019], URL: http://www.britishmuseum.org/research/search_the_collection_database/term_details.aspx?bioId=108441 [12.2.2019]. Nach seiner Ankunft in Amerika 1939 hatte Schab einige Jahre lang Geschäftsbeziehungen zu Hans P. Kraus und machte mit ihm Einkaufsreisen nach Europa, vgl. Fischer, Verleger, Buchhändler und Antiquare, S. 283.

178 Bei Ingeborg Otto irrtümlich Galerie Niendorf. Die Schwerpunkte in der Geschäftstätigkeit der Galerie Nierendorf in Berlin lagen in den Jahren bis 1936/38 und nach 1955, URL: http://www.nierendorf.com/deutsch/ueberuns.htm [12.2.2019], sodass eine Tätigkeit von Carl Schweidler bis 1938 wahrscheinlicher ist. Vgl. Christine Fischer-Defoy, Die Galerie Nierendorf mit zeitgenössischer Kunst im New Yorker Exil, in: dies. (Hg.), Gute Geschäfte. Kunsthandel in Berlin 1933–1945, Berlin 2011, S. 81–86.

179 So im von Erhard Göpel verfassten Nachruf in der Frankfurter Allgemeinen Zeitung, 7.2.1962.

180 Bundesarchiv, Berlin-Lichterfelde, Bestand Reichskulturkammer Sign. R 9361-V/106131. Zum Nachweis seiner Tätigkeit führte Carl Schweidler für die Reichskulturkammer im Juni 1939 seine wichtigsten Auftraggeber auf, u. a. Kunsthandlungen und Museen in England, Amerika, Frankreich, Holland, Schweiz, Schweden und Polen. Sein Jahreseinkommen gab er 1934 mit 5800 Reichsmark, 1937 mit 11 332 und 1938 mit 16 059 Reichsmark an. Er bezeichnete sich als Kupferstichrestaurator, und zwar als einziger Vertreter dieser Berufskategorie. Deshalb sei er der Meinung gewesen, dass es für ihn keine Organisation gebe, in der er erfasst hätte werden können.

geworden war. Nach Angaben seiner Tochter habe er keine Rente bezogen, es aber auch nicht nötig gehabt, da er Eigentümer eines Mehrparteienmietshauses war.[181]

Schlaglichtartig lassen sich anhand von Briefen, die sich im Goethe- und Schiller-Archiv[182] in Weimar erhalten haben, Arbeitsweise und Kontaktpflege von Carl Schweidler beleuchten. 1938/39 stand er mit Anton Kippenberg (1874–1950)[183], dem Leiter des Insel-Verlags in Leipzig, in Kontakt. Kippenberg plante eine Faksimile-Ausgabe einer Egmont-Handschrift aus seinem Besitz. Er bat Schweidler, sich das in Berlin befindliche Original anzusehen. Im März 1939 meldete sich Schweidler, um mit Kippenberg Möglichkeiten zur Wiederherstellung der beschädigten Teile der Handschrift zu erörtern. Eine chemische Behandlung sei nach mehrfachen Versuchen negativ ausgefallen; so bleibe nur eine restauratorische Behandlung, die er gerne vorher besprechen würde. Offensichtlich wurden die beiden handelseinig, da Kippenberg im Juli an Schweidler schrieb, dass er die Handschrift zusammen mit den Reproduktionen der fraglichen Blätter zurückerwarte. Kippenberg hoffe, dass Schweidler mit der Firma, welche die Reproduktionen herstellte, in Verbindung geblieben sei und dass Kippenberg diese mit den Flecken bekomme, wie sie auch das Original aufweise. Ende Juli konnte Kippenberg glücklich die von Schweidler wiederhergestellte Egmont-Handschrift mit den Reproduktionen vergleichen und war höchst erfreut, wie vollkommen die Ergänzung gelungen sei. Schweidler verzichtete auf ein Honorar und erbat sich stattdessen einige Bände aus dem Insel-Sortiment.[184]

Ende 1944 ergab sich neuerlich ein kurzer Briefwechsel zwischen Schweidler und Kippenberg. Letzterer hatte nach der Zerstörung der Verlagsgebäude durch einen Bombenangriff auf Leipzig im Dezember 1943 eine Anzahl von Zeichnungen, Lithografien und Aquarellen gerettet, die aber durch Stockflecken beschädigt waren. Auf die Frage Kippenbergs, wie vor allem die Aquarelle zu behandeln seien, antwortete Schweidler, dass Stockflecken auch bei äußerst empfindlichen Aquarellen entfernt werden könnten, nur müssten diese und alle farbigen Blätter bei ihm in der Werkstatt behandelt werden. Als Referenz für erfolgreiche Aquarellreinigungen führte Schweidler die Brüder

[181] Nach undatierter Angabe von Carl Schweidler gegenüber seiner Tochter, dass er soeben 4000 Reichsmark verdient habe und dass er monatlich 600 Reichsmark an Einkommenssteuer zahlen müsse, Aufzeichnung Ingeborg Otto, um 1992, Nachlass Carl Schweidler, Berlin, Mitte Museum, Archiv.

[182] Weimar, Goethe- und Schiller-Archiv, GSA 50/3196, Briefwechsel Anton Kippenberg und Carl Schweidler, 1939–1944.

[183] Curt Vinz, Kippenberg, Anton in: Neue Deutsche Biographie 11 (1977), S. 631–633 [Online-Version]; URL: https://www.deutsche-biographie.de/pnd118723081.html#ndbcontent

[184] Weimar, Goethe- und Schiller-Archiv, GSA 50/3196, Briefwechsel Anton Kippenberg und Carl Schweidler, 1939.

Boerner[185] an. Der Auftrag zerschlug sich jedoch, da Kippenberg wegen der Luftangriffe auf Berlin seine Blätter nicht dieser Gefahr aussetzen wollte.[186]

Bereits in den 1930er-Jahren hatte Carl Schweidler seinen Sohn aus erster Ehe bei sich beschäftigt. Der 1910 geborene Kurt Schweidler lernte über drei Jahre bei seinem Vater, »wie man Stock-, Brand- und Farbflecken, Risse, Löcher und andere Beschädigungen möglichst unauffällig beseitigt, klebt oder ergänzt«.[187] Die hohe Professionalität von Carl und Kurt Schweidler war auch in Museumskreisen bekannt. So ging ein Artikel über Fälschungen von Bilderhandschriften und Zeichnungen in einer 1935 erschienenen Mitteilung des Museen-Verbandes auch auf die Kunstfertigkeit der beiden Schweidler ein: »Das Ansetzen eines Papierstreifens an eine Rembrandt-Radierung wird von Vater und Sohn Schweidler-Berlin so geschickt ausgeführt, daß auch nicht die geringste Spur einer durchsichtigen Trennungslinie, an der man sonst Anstückungen erkennt, zu sehen ist. Und die Ergänzung des Linienwerkes der Graphik wird von ihnen mit fast der gleichen Virtuosität gehandhabt.«[188]

Für die Zeit nach 1945 liegen kaum noch Notizen über Carl Schweidler vor. Sowohl aus den Aufzeichnungen seiner Tochter als auch aus den im Nachruf von 1962 angeführten Geschäftskontakten wird aber deutlich, dass Carl Schweidlers »große Zeit« in den Jahrzehnten vor dem Zweiten Weltkrieg lag. Die politisch angespannte Lage im Nachkriegs-Berlin dürfte ein Anknüpfen an die prestigeträchtigen internationalen Aufträge verhindert haben. Hinzu kam, dass Carl Schweidler aufgrund eines Schlaganfalls um 1955 bis zu seinem Tod 1962 nur noch leichtere Restaurierungen durchführen konnte.[189]

[185] Dr. Hans Boerner und Dr. Wolfgang Boerner.

[186] Weimar, Goethe- und Schiller-Archiv, GSA 50/3196, Briefwechsel Anton Kippenberg und Carl Schweidler, 1944.

[187] Aufzeichnungen von Ingeborg Otto, um 1992, Nachlass Carl Schweidler, Berlin, Mitte Museum, Archiv.

[188] F. Winkler, Fälschungen von Bilderhandschriften und Zeichnungen, in: Mittheilungen des Museen-Verbandes als Manuscript für die Mitglieder; 1935; Februar (Nr. 708–726), S. 27–32, URL: http://digi.ub.uni-heidelberg.de/diglit/mitmusverb1935/0007 [12.2.2019], hier S. 28.

[189] Dies erscheint wahrscheinlicher als die um 1992 verfassten Aufzeichnungen von Ingeborg Otto, Nachlass Carl Schweidler, Berlin, Mitte Museum, Archiv, wonach Carl Schweidler bis Herbst 1961 gearbeitet und dann einen Schwächeanfall erlitten habe. Im Nachruf von Erhard Göpel in der Frankfurter Allgemeinen Zeitung vom 7. Februar 1962 wird noch detaillierter angegeben, dass Carl Schweidler im Alter von 70 Jahren einen Schlaganfall erlitten habe und danach nur noch Aufträge zur Säuberung von Drucken angenommen habe. Dies würde die aktive Berufszeit von Carl Schweidler auf die Zeit bis etwa 1955 eingrenzen.

### Max Schweidler

Im Gegensatz zu seinem Bruder Carl, der in Fachkreisen einen hervorragenden Ruf genoss, wurde sein jüngerer Bruder Max vor allem durch seine beiden Fachpublikationen bekannt. Die Methoden einer perfekten Restaurierung beschrieb er 1938 unter dem Titel »Die Instandsetzung von Kupferstichen, Zeichnungen, Büchern usw. Alte Fehler und neue Methoden bei der Beseitigung von Altersschäden an graphischem Kulturgut«, das 1949 in erweiterter Form neu aufgelegt wurde und 2006 in englischer Sprache erschien.[190] Weniger bekannt, aber als biografische Quelle unverzichtbar, ist seine handliche Publikation »Sammeln und Sichten. Eine praktische Graphikkunde«, die 1941 erschien.[191] Auch bei ihm sind biografische Informationen aus einem 1953 veröffentlichten Nachruf zu gewinnen. Ansonsten ist die archivalische Überlieferung dürftig.

Max Schweidler wurde am 18. April 1885 in Berlin geboren und starb am 30. September 1953 in Stuttgart.[192] Seine außerordentliche handwerkliche Kunst übte der gelernte Lithograf[193] bis 1950 in Berlin aus, ehe er nach Stuttgart übersiedelte. »Wenn irgendwo in der Kunstwelt ein besonders wertvolles graphisches Blatt instand zu setzen war, ging es zu Meister Schweidler nach Berlin.«[194] Diese Blätter seien deshalb in allen bedeutenden Sammlungen rund um den Atlantischen Ozean

[190] Max Schweidler, Die Instandsetzung von Kupferstichen, Zeichnungen, Büchern usw. Alte Fehler und neue Methoden bei der Beseitigung von Altersschäden an graphischem Kulturgut, Stuttgart 1938 (2. erw. Aufl. Stuttgart 1949); Max Schweidler, The Restoration of Engravings, Drawings, Books and Other Works on Paper, translated, edited, and with an appendix by Roy Perkinson, Los Angeles, 2006, vgl. dazu die Rezension von Irene Brückle, Der notwendige Blick zurück: Max Schweidler, in: PapierRestaurierung 8 (2007) Nr. 3, S. 9–13. Zur Rezeption der Publikation von Max Schweidler vgl. Tina Grette Poulsson, Retouching of Art on Paper, London 2008, S. 42f. Zusammenfassend auch bei Roy Perkinson, What You See is Not What You Get: Deceptive Repairs and Alterations in Old Master Prints, in: Jane Colbourne / Reba Fishman Snyder (Hg.), Printed on Paper. The Techniques, History and Conservation of Printed Media, Newcastle upon Tyne 2009, S. 50–52.

[191] Max Schweidler, Sammeln und Sichten. Eine praktische Graphikkunde, Innsbruck 1941.

[192] Zu Max Schweidler zuletzt Wagini, Hermann, S. 286–291. Vgl. Max Hettler, Nachruf für Max Schweidler, in: Allgemeiner Anzeiger für Buchbindereien 66 (1953) Nr. 12, S. 416–417. Im Allgemeinen Anzeiger für Buchbindereien 66 (1953) Nr. 10, S. 348, erschien, wahrscheinlich von Max Hettler verfasst, eine erste kurze Notiz über den Tod Max Schweidlers am 30.9.1953.

[193] Max Schweidler war Lehrling in einer Kolorieranstalt, vgl. den Bericht in Max Schweidler, Sammeln und Sichten, S. 165ff.

[194] So in der Notiz über den Tod von Max Schweidler im Allgemeinen Anzeiger für Buchbindereien 66 (1953), Nr. 10, S. 348.

*Max Schweidler (1885–1953). Entnommen aus: Max Schweidler, Sammeln und Sichten. Eine praktische Graphikkunde, Innsbruck 1941. Bayerische Staatsbibliothek München*

zu finden.[195] Aus Aussagen seines Bruders Carl[196] lassen sich weitere Erkenntnisse zur Arbeit von Max Schweidler gewinnen. Demnach sei er seit 1912 als Kunsthändler[197] tätig gewesen. Nach dem Kriegsdienst (1914–1918) habe er von 1919 bis 1927 wieder als Kunsthändler und Landschaftsmaler gearbeitet. Nach 1927 sei er auf Veranlassung von Carl Schweidler als Restaurator tätig gewesen[198] und weiterhin als Kunsthändler.

Wie aus den Aufzeichnungen von Carl Schweidler von 1938 auch hervorgeht, sei sein Bruder Parteimitglied[199] und im Hauptberuf Schriftsteller gewesen. Diese Aussagen von Carl Schweidler über seinen Bruder sind natürlich mit Vorsicht zu betrachten.

Aber noch 1930 gab Max Schweidler als Berufsbezeichnung »Kaufmann« an, was mehr für eine Kunsthändler- als für eine Restauratorentätigkeit spricht.[200] Carl Schweidler berichtet, dass er von 1919 bis 1927 Restaurierungen im Auftrag seines Bruders durchgeführt habe. Max zog offen-

[195] Hettler, Nachruf, S. 416. Der Hinweis zu diesem Zeitpunkt, 1953, auf restaurierte Blätter in amerikanischen Sammlungen ist deutlich.

[196] Schweidler, Restoration, ed. Perkinson, S. 16 Anm. 5. Perkinson konnte für seine Edition eine Ausgabe des Buches von Max Schweidler über die Instandsetzung von Grafikblättern aus dem Nachlass von Curt Schweidler benutzen. Curt hatte dieses Exemplar kurz nach dessen Veröffentlichung 1938 mit teils hämischen Anmerkungen über seinen jüngeren Bruder versehen. Der Konflikt zwischen dem selbstbewussten, allerdings nur in Fachkreisen anerkannten Curt und seinem Bruder Max, der mit dieser Publikation einem größeren Publikum bekannt wurde, geht aus diesen Notizen deutlich hervor.

[197] Dieser Aspekt kommt bei den meisten Autoren zu kurz. In seiner 1941 im Universitätsverlag Wagner in Innsbruck veröffentlichten Publikation mit dem Titel »Sammeln und Sichten. Eine praktische Graphikkunde«, Vorwort, S. VI, gibt Max Schweidler an, er schreibe hier mit der Erfahrung seiner jahrzehntelangen Tätigkeit als Restaurator und Sammler für andere Sammler und Freunde der grafischen Kunst. In einem eigenen Kapitel »Aus meinem Sammlerleben. Wie ich zur Graphik kam …«, S. 165–191, schildert er seine Anfänge als Sammler und Händler. Demnach war Max Schweidler seit 1907 selbstständig als Händler und Sammler tätig, unter anderem in Paris, London, Amsterdam, Kopenhagen, Barcelona, Genf, Mailand und Palermo, ebd. S. 190.

[198] Max Schweidler behauptet das Gegenteil. Er habe seinen Bruder, den er für sehr geeignet gehalten habe, in den Beruf des Kupferstichrestaurators eingeführt, Schweidler, Instandsetzung (1. Auflage 1938), S. 3. Diese Passage fehlt bezeichnenderweise in der 2. Auflage.

[199] Eine Nachfrage im Bundesarchiv nach Mitgliedschaft in der Nationalsozialistischen Deutschen Arbeiterpartei blieb sowohl für Carl als auch Max Schweidler ergebnislos.

[200] So die Bezeichnung in der Heiratsurkunde seines Bruders Carl vom 12.12.1930, Nachlass Carl Schweidler, Berlin, Mitte Museum, Archiv. Andererseits verweist Max Schweidler in der Einleitung seines Werks über die Instandsetzung auf eine mehr als 30-jährige Erfahrung als Kupferstichrestaurator, Schweidler, Instandsetzung (1. Auflage 1938), S. 2.

sichtlich die Aufträge an Land, die dann von Carl ausgeführt wurden und für die Max von Carl eine »Kommissionsgebühr« erhielt.[201]

Max Schweidler erreichte durch seine Veröffentlichungen Bekanntheit weit über seine Fachkollegen hinaus. Möglicherweise war es aber diese Offenlegung der restauratorischen Methoden, die zu einem Bruch[202] mit dem älteren Bruder führte. Carl Schweidler bezweifelte den Sachverstand und die Berufserfahrung des Jüngeren. Inwieweit auch die Offenlegung von Details aus der praktischen Arbeit eines Restaurators, die einen Gutteil des legendären Rufs der Brüder Schweidler ausmachten, von Carl negativ gesehen wurde, kann nur vermutet werden. Der Nachruf von 1962 betont jedenfalls, dass Carl Schweidler über sein »Handwerk« nie geschrieben und auch über seine großen und kleinen Geheimnisse nie gesprochen habe.[203]

Aufgrund der Quellenlage sind wir nur über das anhaltend schlechte Verhältnis von Carl Schweidler zu seinem Bruder unterrichtet. In seinen Anmerkungen zur 1938 von Max Schweidler veröffentlichten Arbeit über die Technik der Papierrestaurierung schrieb Carl Schweidler, dass er gerade für Colnaghi einen Stich restauriere, der bereits von seinem Bruder »restauriert« worden sei[204], eine Anmerkung, die dem Bruder nicht zur Ehre gereichte. Dieses wohl gegenseitige Nicht-Verhältnis kann durch eine breitere Quellenbasis sicher noch genauer herausgearbeitet werden.

Für unseren Fälschungsfall der Globensegmentblätter bleibt aber festzuhalten, dass der Schwerpunkt der Tätigkeit von Max Schweidler in den wenigen Jahren vor dem Ersten Weltkrieg und dann in der Zeit von 1919 bis 1945 lag. Da die zu restaurierenden Blätter jeweils in die Werkstatt

[201] Schweidler, Restoration, ed. Perkinson, S. 16 Anm. 5. Im Bundesarchiv, Berlin-Lichterfelde, hat sich im Bestand Reichskulturkammer (R 9361-V/106132) von 1944 ein Schreiben von Max Schweidler, betreffend seines Arbeitseinsatzes und einer Anschriftenänderung, erhalten.

[202] Vgl. Max Schweidler, Restoration, ed. Perkinson, S. 2 und S. 16 Anm. 3, und die kritischen handschriftlichen Anmerkungen von Carl Schweidler in der von Perkinson benutzten Ausgabe. Carl Schweidler hatte auch beabsichtigt, sich bei seinen Kunden schriftlich von diesem Werk seines Bruders zu distanzieren. Das Nicht-Verhältnis der beiden Brüder zeigt sich auch in den spärlichen schriftlichen Quellen. Carl Schweidler wird im Nachruf auf Max nicht erwähnt; Max wird im Nachruf auf Carl Schweidler als Verfasser eines Buches über das Restaurieren von Kupferstichen genannt; in den Aufzeichnungen der Tochter Carls taucht der Onkel Max nicht auf.

[203] Göpel, Handwerker, S. 7, Hervorhebung von Handwerk im Original. Seine Geheimnisse habe er nur seinem Sohn Kurt Schweidler weitergegeben, der Anfang der 1960er-Jahre in die Schweiz gezogen sei. Kurt Schweidler übersiedelte 1961 von Berlin nach Toffen / Bern und arbeitete dort ab September 1961 als Gemälderestaurator, vgl. den Schriftwechsel zwischen Erhard Göpel und Kurt Schweidler anlässlich des Todes von Carl Schweidler, Bayerische Staatsbibliothek München, Nachlass Göpel Ana 415.

[204] Max Schweidler, Restoration, ed. Perkinson, S. 212, Anm. 84.

zu Max Schweidler gebracht werden mussten, erscheint eine Arbeit, die über Berlin hinausging, im Viermächte-Berlin der Zeit zwischen 1945 und 1950 unwahrscheinlich. Im Nachruf wird deutlich angesprochen, dass für Max Schweidler nach 1945 die Arbeit in Berlin immer schwieriger geworden war. Die politische Situation und die Nähe zu seinem Verleger Hettler dürften auch der Grund für die Übersiedlung nach Stuttgart gewesen sein. Die Folgen eines Verkehrsunfalls führten dazu, dass Max Schweidler bis zu seinem Tod am 30. März 1953 seine Tätigkeit nicht mehr ausüben konnte.[205]

### Arthur Bruno Drescher

Im bereits zitierten Nachruf auf Carl Schweidler wird ein weiterer Name genannt, der in den Fälschungskomplex um die Globensegmentblätter verwickelt ist. Sein einziger Gehilfe und Freund, so heißt es dort, sei B. Drescher gewesen, auch dieser habe seine »Geheimnisse« nur an seinen Sohn weitergegeben.[206] Es handelt sich hier um Arthur Bruno Drescher (1895–1986), der seit 1908 bei Carl Schweidler tätig war. Dieser hatte den damals 13-jährigen Waisenknaben bei sich aufgenommen. Drescher sei dann sein festangestellter Mitarbeiter geworden.[207] 1930 erscheint Drescher, mit der Berufsbezeichnung »Kupferstichrestaurator«, in den Akten als Trauzeuge bei der zweiten Eheschließung von Carl Schweidler.[208] Bruno Drescher und seine Frau Recha (oder Racha)[209] pflegten ein sehr enges Verhältnis mit der Familie Carl Schweidlers. Drescher sei »1938 mit seiner jüdischen Frau nach England« ausgewandert, »wobei ihm Vater behilflich war«.[210] Drescher wurde im Februar 1947 britischer Staatsbürger[211], er lebte in London und war in den 1950er-Jahren freiberuflich tätig. Der Restaurator arbeitete auch für das Ashmolean Museum

[205] Hettler, Nachruf Max Schweidler, S. 416, weist deutlich auf das »blockierte Berlin« hin.

[206] Göpel, Handwerker, S. 7. Die Anführungszeichen wie im Original.

[207] Aufzeichnung Ingeborg Otto, um 1992, Nachlass Carl Schweidler, Berlin, Mitte Museum, Archiv.

[208] Nachlass Carl Schweidler, Berlin, Mitte Museum, Archiv, Heiratsurkunde vom 12.12.1930.

[209] Recha (oder Racha) wurde am 19. Mai 1898 in Berlin geboren. Nach ihrer Emigration nach Großbritannien hatte sie von 1939 bis 1942 den Status einer Internierten, National Archives, Kew, URL: http://discovery.nationalarchives.gov.uk/details/r/C14751619 [12.2.2019].

[210] Aufzeichnung Ingeborg Otto, um 1992, Nachlass Carl Schweidler, Berlin, Mitte Museum, Archiv. Die Zeitangabe erscheint wahrscheinlicher als im Nachruf von Göpel, Handwerker, S. 8, wonach Drescher um 1933 ausgewandert sei.

[211] Der Akt in den National Archives Kew, URL: http://discovery.nationalarchives.gov.uk/details/r/C11968070 [12.2.2019]. Hier werden auch seine Frau Recha und der Sohn Hermann Karl Hans Drescher genannt.

in Oxford[212] und hatte Geschäftsbeziehungen zu Colnaghi.[213] 1952 zur Zeit der Kontroverse mit Hans P. Kraus firmierte Drescher als »Restorer of Rare Prints and Drawings« mit einer Adresse in Harrow, Middlesex.[214]

In London seien in den späten 1950er-Jahren besonders Vater und Sohn Drescher bekannt gewesen. Der Vater habe noch in Berlin unter Carl Schweidler gearbeitet »and they were practitioners of the German school of restoration, performing miracles in invisible mending«.[215] Das Spannungsverhältnis zwischen Max und Carl Schweidler wirkte auch in der Familie Drescher nach. Noch der Sohn von Arthur Drescher war der Meinung, dass Carl Schweidler durch den Geheimnisverrat seines Bruders geschädigt worden war. »[Paul] Drescher had no respect for Max Schweidler«.[216]

In den 1950er- und 1960er-Jahren bestanden weiterhin freundschaftliche Kontakte zwischen Arthur Drescher und Carl Schweidler. Auch Erhard Göpel, der Verfasser des Nachrufs auf Carl Schweidler, und der oben erwähnte Heinrich Eisemann gehörten zu diesem Netzwerk. Göpel sandte den 1962 in der Frankfurter Allgemeinen Zeitung erschienenen Nachruf an Drescher nach London, der sich wiederum sehr dankbar zeigte »fuer die Worte, die Sie unserem alten Freund gewidmet haben«,[217] und fügte hinzu, dass sich sicher auch Eisemann bei ihm bedanken werde. Den

212 URL: https://www.npg.org.uk/research/programmes/directory-of-british-picture-restorers/british-picture-restorers-1600–1950-a [12.2.2019], hier auch eine Aufstellung der Werke, die Drescher von 1941 bis 1945 für das Museum restaurierte.

213 URL: https://www.christies.com/lotfinder/prints-multiples/rembrandt-harmensz-van-rijn-the-angel-appearing-5990607-details.aspx?from=searchresults&intObjectID=5990607&sid=c10b4a9b-125c-4713–9063-3e35886 34b5f [12.2.2019].

214 Wien, Hausarchiv Liechtenstein S 3349, 1.8.1952, Briefkopf von Arthur Drescher.

215 Jane McAusland, A Brief Personal History of a Conservator of Art on Paper in the United Kingdom: 1959–2003, in: The Book and Paper Group Annual 22 (2003), S. 41–47, hier S. 41.

216 So Jane McAusland, Journal of the American Institute for Conservation 46 (2007) No. 1, S. 82, in ihrer Rezension von Max Schweidler, Restoration, ed. Perkinson. Bei dem Sohn kann es sich um Paul Drescher gehandelt haben, der 1979 als Handschriftenrestaurator in London tätig war, vgl. Paul Banks (Hg.), The making of Peter Grimes. Essays and studies, Woodbridge 2000, S. 34.

217 Bayerische Staatsbibliothek München, Nachlass Göpel Ana 415, Drescher an Göpel vom 16.2.1962. Die bemerkenswerte Zusammenarbeit von Erhard Göpel (1906–1966) mit diesen Emigranten des NS-Regimes ist auch im Zusammenhang mit der Rolle Göpels als Mitwirkender bei den Raubzügen in Holland und Frankreich zur Zeit der deutschen Besetzung zu sehen, vgl. Christian Fuhrmeister / Susanne Kienlechner, Tatort Nizza: Kunstgeschichte zwischen Kunsthandel, Kunstraub und Verfolgung. Zur Vita von August Liebmann Mayer, mit einem Exkurs zu Bernhard Degenhart und Bemerkungen zu Erhard Göpel und Bruno Lohse, in: Olaf

Plan Göpels, einen größeren Artikel »etwa unter dem Stichwort ›Eine Restauratoren-Dynastie‹«[218] zu verfassen, versprach Drescher, mit einem Foto zu unterstützen, obwohl »mir vieles verloren gegangen ist bei der Übersiedelung und später während des Krieges«.[219] Von einer Realisierung dieses höchst interessanten Vorhabens ist allerdings nichts bekannt.

Aus der Zeit um 1970 gibt es noch eine kurze Notiz von Jane McAusland, die sich damals als Papierrestauratorin in London selbstständig machte. Sie beschrieb Vater und Sohn Drescher als die wenigen ausgebildeten Papierrestauratoren, da Drescher senior bei Carl Schweidler gelernt habe. »The Dreschers … working for most of the art trade and were highly regarded.«[220]

Schon bei einer kurzen Betrachtung der Lebensumstände der Schweidler-Brüder zeigt sich, dass sie hauptsächlich nach dem Ende des Ersten Weltkriegs und vor Ausbruch des Zweiten Weltkriegs international tätig waren. Max Schweidler hatte kurz nach seiner Übersiedlung aus Berlin 1950 nach Stuttgart noch im selben Jahr einen schweren Verkehrsunfall, an dessen Folgen er 1953 starb. Carl Schweidler erlitt Mitte der 1950er-Jahre, wie erwähnt, einen Schlaganfall und war noch bis Ende der 1950er-Jahre mehr oder weniger aktiv. Er starb 1962. Auch wenn Carl Schweidler einen etwas skurrilen Humor hatte, wie seine Tochter anmerkte,[221] ist es trotzdem äußerst unwahrscheinlich, dass mit ihm ein außenstehender und in Berlin ansässiger Restaurator in den in Frage stehenden Fälschungskomplex einbezogen wurde. Mit seinem Humorverständnis hätte er vielleicht die Fälschung goutiert, für eine tatsächliche Beteiligung fehlt aber jeder Hinweis.

Nachdem durch den Archivalienbestand im Hausarchiv Liechtenstein in Wien nun eindeutig feststeht, dass das Hauslab-Liechtenstein-Exemplar 1950 von Arthur B. Drescher restauriert wurde, sind nach dem derzeitigen Wissensstand die Namen von Carl und Max Schweidler aus diesem Fälschungsumfeld zu streichen.

Peters / Ruth Heftrig / Barbara Schellewald (Hg.), Kunstgeschichte im »Dritten Reich«. Theorien, Methoden, Praktiken, Berlin 2008, S. 405–429.

218 Bayerische Staatsbibliothek München, Nachlass Göpel Ana 415, Göpel an Drescher vom 9.2.1962.

219 Bayerische Staatsbibliothek München, Nachlass Göpel Ana 415, Drescher an Göpel vom 16.2.1962. Drescher versprach, neben dem Foto »auch die Sachen beizufügen, die Sie angedeutet haben«, Bayerische Staatsbibliothek München, Nachlass Göpel Ana 415, Drescher an Göpel vom 26.2.1962.

220 Jane McAusland, Some memoirs of a conservator in private practice: Change, continuity, and consolidation, in: The Paper Conservator 25 (2001), S. 85–92, hier S. 87.

221 Aufzeichnung Ingeborg Otto, um 1992, Nachlass Carl Schweidler, Berlin, Mitte Museum, Archiv. So bot er Arthur Drescher und seinem Sohn Kurt 500 Mark an, wenn sie sich ihren Kopf kahlscheren ließen. Nur Drescher nahm das Angebot an.

# III
# WIE NÄHERT MAN SICH EINER FÄLSCHUNG?

Aus der im Januar 2018 vorgelegten Expertise der Bayerischen Staatsbibliothek ergab sich der gut begründete Verdacht, dass sich unter den fünf bekannten Globensegmenten zwei gefälschte Blätter befinden, also das bei Christie's 2017 eingelieferte Exemplar und das Kraus-BSB-Exemplar. Die Suche nach dem möglichen Fälscher beschränkte sich zunächst auf vage Schuldzuschreibungen an einen unbekannten Restaurator. Auch die zahlreichen Spekulationen in der nationalen und internationalen Presse und in den Onlinemedien brachten keine neuen Erkenntnisse. Das Datum ante quem 1960 für die Einbindung der Globensegmente in die Ptolemäus-Inkunabel führte zwar zu Überlegungen, dass damit der Verkaufswert der Inkunabel gesteigert werden sollte,[222] doch ein Blick in die Auktionsbeschreibung von 1960 zeigt, dass es nicht die Inkunabel, sondern die Globensegmente waren, die im Mittelpunkt des Verkaufsinteresses standen. Die Inkunabel war nur respektables Beiwerk und sollte das vorgebliche Alter der Globensegmente unterstützen.

Weitergehende Fragen, warum im Abstand von über 60 Jahren von unterschiedlichen Einlieferern jeweils eine Fälschung dem Kunsthandel angeboten wurde oder welche Interessen hinter der »Präparierung« der Ptolemäus-Inkunabel mit dem wesentlich wertvolleren Globensegment stecken könnten, wurden bislang nicht gestellt.

Die einzigen Namen, die in der Diskussion auftauchten, sind die der Brüder Carl und Max Schweidler und Arthur Bruno Dreschers, dessen Nachfahren 2017 bei Christie's das bislang letzte Exemplar der Globensegmente eingeliefert hatten. Auch die Rolle, die Richard Zinser in diesem ganzen Komplex spielte, ist noch nicht erforscht. Nach allen bislang bekannten biografischen Details ist aber keiner von ihnen als Fälscher mit finanziellem Eigeninteresse ausgewiesen.

Die Methode des »Schweidlerns«, also die auch für den Fachmann fast unsichtbare Restaurierung von Fehlstellen, war in den 1950er-Jahren eine gängige restauratorische Praxis. Das Ziel, damit den Marktwert eines Blattes zu steigern, war auf jeden Fall beabsichtigt. Der Schritt vom »Schweidlern« zur Anfertigung von täuschend echten fotomechanischen Reproduktionen geht aber bereits weit darüber hinaus, da diese Reproduktionen nicht als Faksimile kenntlich gemacht waren.[223] Der nächste Schritt, das Einbinden einer solchen Reproduktion in eine echte Inkunabel, um beispielsweise den Verkaufserlös zu steigern, ist eindeutig das Werk eines Fälschers, wobei

[222] URL: http://blog.museum-aktuell.de/archives/393-Die-Karte-ist-wertlos-Dramatischer-Wertverlust-wegen-blinden-Vertrauens.html [12.2.2019].

[223] Anders als beispielsweise die Faksimiledrucke der Reichsdruckerei in Berlin, die mit einem Blindstempel und einem mittig rückseitig angebrachten Faksimile-Aufdruck deutlich gekennzeichnet waren, URL: https://www.biblioindustries.com/blog/4/die-reichsdrucke.html [12.2.2019]. Ich danke Dr. Rudolf Wildmoser, Leiter des Bildarchivs des Hauses der Bayerischen Geschichte, für diesen Hinweis.

diese Arbeitsschritte nicht zwangsläufig von ein und derselben Person durchgeführt worden sein müssen.

Es ist also zu untersuchen, auf welcher Grundlage diese Reproduktionen angefertigt wurden. Dann ist zu fragen, welche Aussagen über Papier und Drucktechnik getroffen werden können. Die Ptolemäus-Inkunabel mit dem eingebundenen Blatt der Globensegmente war bislang über jeden Verdacht erhaben. Es wird deshalb erstmals zu zeigen sein, dass begründete Zweifel an deren Provenienz bestehen. Es ist sogar zu vermuten, dass die Provenienzfälschung und die Einbindung der Globensegmentreproduktion in Zusammenhang stehen. Unter der Berücksichtigung des möglichen Motivs für die Anfertigung dieser Fälschung ist auch der Kreis der beteiligten Personen noch weiter zu fassen. Das Zusammentragen aller Indizien, dies sei vorweggenommen, erlaubt es allerdings nicht, eine oder mehrere Personen namentlich für die Herstellung der Fälschung festzumachen.

## 1 DIE ANFERTIGUNG DER FOTOGRAFIE

Nach den eingangs beschriebenen Überlegungen der amerikanischen Forscher sind das Kraus-BSB-Exemplar und das Christie's2017-Exemplar Fälschungen, die als identische fotomechanische Abzüge auf einer Vorlage des restaurierten Hauslab-Liechtenstein-Exemplars beruhen.

Der Vergleich der von Drescher restaurierten Stelle im vierten Segment von rechts mit der Abbildung bei Parke-Bernet 1950 und dem Kraus-BSB-Exemplar zeigt eine deutliche Übereinstimmung. Sowohl beim Kraus-BSB-Exemplar als auch beim Christie's2017-Exemplar diente als Vorlage das restaurierte Hauslab-Liechtenstein-Exemplar. Zur Herstellung der beiden Abzüge muss also ein Foto dieses Exemplars vorgelegen haben, das es im restaurierten Zustand vor dem ersten Verkaufsversuch 1950 bei Parke-Bernet in New York zeigt. Wie aus den Akten zum Verkauf des Hauslab-Liechtenstein-Exemplars hervorgeht, wurden die Abbildungen für den Auktionskatalog im Beisein von Richard Zinser im April 1950, also nach Abschluss der Restaurierung durch Arthur Drescher, in New York angefertigt.[224]

Festzuhalten ist hier, dass es sich bei der Arbeit von Drescher um die erste nachweisbare Restaurierung des Hauslab-Liechtenstein-Blattes handelte. Der Verbleib des Blattes vor 1950 und seine Aufbewahrung in Wien in der Obhut des dortigen Liechtenstein'schen Bibliothekars macht

[224] Wien, Hausarchiv Liechtenstein S 3349, 22.4.1950.

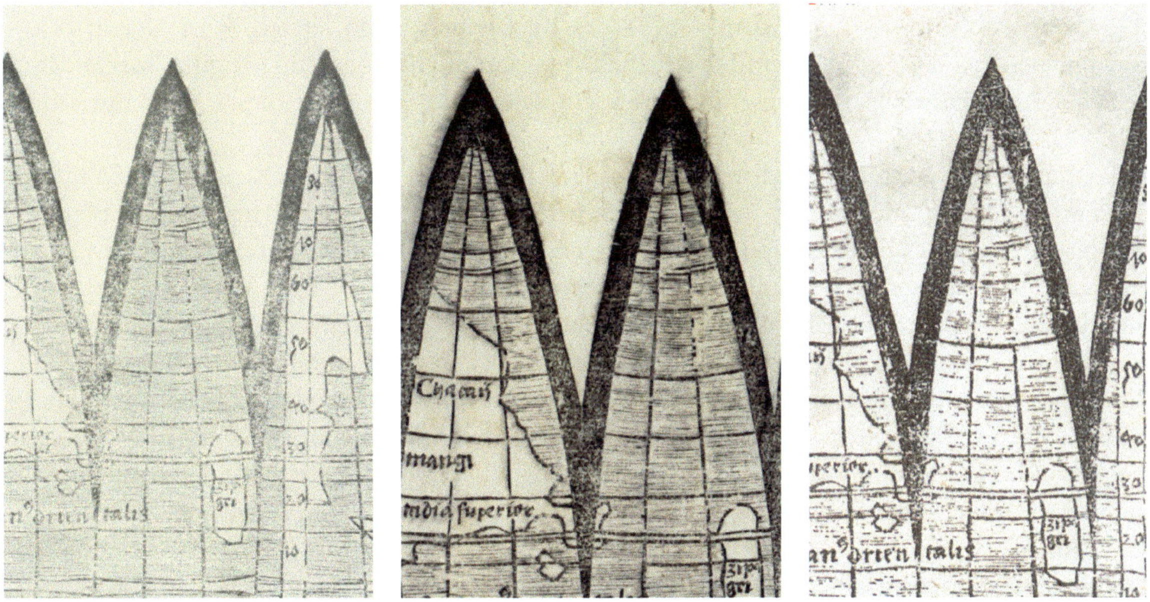

*Detailabbildungen zum Vergleich der Restaurierung im 4. Globensegment von rechts. Links die Abbildung im Versteigerungskatalog von 1950, in der Mitte des Hauslab-Liechtenstein-Exemplar, rechts das Kraus-BSB-Exemplar*

eine Restaurierung in der Zwischenkriegszeit unwahrscheinlich. Im Haus Liechtenstein war man ja vielmehr der Ansicht gewesen, das Blatt überhaupt nicht mehr zu besitzen. Der Erhaltungszustand des Blattes bei der Übergabe an Richard Zinser Anfang 1950 erforderte also eine Restaurierung.

Die bis 1950 vorliegenden Drucke und Faksimiles des Hauslab-Liechtenstein-Exemplars scheiden als Vorlage für die Fälschungen aus. Sowohl bei dem wahrscheinlich ersten, noch von Hauslab selbst besorgten, Druck von 1879, wie bei der Abbildung von 1890 bei Gallois und dem gleichzeitigen Druck, der sich in der Bibliotèque Nationale de France in Paris befindet, und schließlich bei der Abbildung bei Fischer und Wieser 1903 finden sich Abweichungen zur originalen Vorlage des Hauslab-Liechtenstein-Exemplars. Im Kraus-BSB-Exemplar lässt sich hingegen keine dieser Abweichungen feststellen. Die Gleichzeitigkeit der Drucke des Kraus-BSB-Exemplars und des Christie's2017-Stücks zeigt sich aber beispielsweise im fünften Segment von links in der Bezeichnung »*Schitia extra imav*«[225] und dem Ausfall des Buchstabens *a* im letzten Wort, das in den Drucken von 1879, 1890, 1903 – deutlich zu sehen – vollständig und auch im Original vorhanden ist. In der Abbildung von 1950 im Auktionskatalog von Parke-Bernet ist dieses Wort nur sehr undeutlich zu erkennen.

Beim Kraus-BSB-Exemplar sind weitere singuläre Fehler wie die Doppelstriche bei *Ethiopia* zu erkennen. Dies wurde von den amerikanischen Experten durch ein Verrutschen des Blattes beim Druck erklärt. Weitere Doppelstriche finden sich auch bei den Worten *sub egipto* und *Arabia*. Bemerkenswert ist der fehlende Schrägstrich des Buchstaben i im Wort *America*. Im Hauslab-Liechtenstein-Exemplar ist der Strich deutlich zu sehen, er fehlt aber in der Abbildung des Auktionskatalogs von 1950. Im Kraus-BSB-Exemplar ist ebenfalls unterhalb des Wortes *ASIA* bei *sinarum regio* ein Punkt anstelle eines längeren Strichs im Original, ebenso bei *Sarmaria* im zweiten Segment. Diese Abweichungen zeigt auch die Abbildung im Katalog von 1950.

Die Abbildung im Auktionskatalog von 1960 scheint als Vorlage das Kraus-BSB-Exemplar gehabt zu haben. Der noch erkennbare Doppelstrich über dem ersten i des Wortes *ethiopia* deutet darauf hin.

Denkbar wäre, dass die beiden Abzüge, das Kraus-BSB-Exemplar und das Christie's2017-Exemplar, bereits im Zuge der Restaurierung 1950 unter Verwendung des Originals angefertigt wurden. Die archivalische Überlieferung zeigt aber deutlich, dass dies aufgrund des damals herrschenden Zeitdrucks auszuschließen ist. Außerdem gab es im März 1950 weder für Arthur Drescher noch für Richard Zinser einen Grund, unter Hintergehung des Auftraggebers hochwertige Abzüge für den »Privatgebrauch« anzufertigen.

Die wahrscheinlichste Erklärung ist, dass das Kraus-BSB-Exemplar und das Christie's2017-Exemplar auf der Grundlage der von Richard Zinser im April 1950 beauftragten Fotografie hergestellt wurden. Der Weg dieser Fotografie bis zu seiner spätestens 1960 erfolgten Verwendung als Druckvorlage für das Globensegmentblatt in der Ptolemäus-Inkunabel ist bislang nicht nachzuvollziehen.

[225] *Scitia intra imaum* und *Scitia extra imaum* verweisen auf die Bezeichnung *Imaus* als Himalayagebirge, Albert Forbiger, Kurzer Abriss der alten Geographie als Leitfaden beim Unterrichte auf Gymnasien bearbeitet, Leipzig 1850, S. 54.

Nach der Beschreibung des Exemplars Christie's2017 besitzt dieses Blatt ein Ochsenkopf-Wasserzeichen mit Kreuz und Schlange.[226] Das Globensegmentblatt im Kraus-BSB-Exemplar weist laut Beschreibung Christie's2005 kein Wasserzeichen auf, die Inkunabel hingegen schon. Für die Anfertigung der beiden Blätter wurden also zwei verschiedene Papiere verwendet.

Bei der Untersuchung des Kraus-BSB-Exemplars durch das Institut für Bestandserhaltung und Restaurierung der Bayerischen Staatsbibliothek München konnte auf der Rückseite eine handschriftliche Markierung festgestellt werden, die allerdings sehr undeutlich erhalten ist. Sie hat Ähnlichkeit mit dem Maltzan-Besitzvermerk in der Ptolemäus-Inkunabel und dem Sammlereintrag auf der Rückseite eines Veit Stoß-Blattes des Germanischen Nationalmuseums Nürnberg. Über diesen Maltzan-Sammlervermerk wird noch zu sprechen sein.

Für beide Blätter wurde unterschiedliches zeitgenössisches Papier verwendet, wobei die Anlage eines »Papierdepots« der gängigen Praxis der Zeit entspricht. In den Aufzeichnungen von Ingeborg Otto, der Tochter Carl Schweidlers, wird beschrieben, wie dieser sich aus Klöstern, Archiven und Antiquariaten historische Papierreste und teilzerstörte Drucke besorgte und ein Papierlager anlegte.[227] In der Arbeit von Max Schweidler über das Restaurieren findet sich eine Passage über das Anlegen eines Papiervorrats durch den Restaurator.[228] Auch Arthur Drescher wird seine eigene Papierreserve gehabt haben. Die Verwendung von Papieren aus einem solchen »Depot« kann erklären, warum das Christie's2017 Exemplar ein Wasserzeichen und das Kraus-BSB-Exemplar keines besitzt. Der allerspäteste Zeitpunkt für die Anfertigung zumindest eines dieser beiden Blätter ist das Jahr 1960, als dieses, eingebunden in die Ptolemäus-Inkunabel, zur Versteigerung bei Sotheby's kam.

Der erste Vergleich des BSB-Exemplars und der Christie's2017-Karte (C17) mit dem Hauslab-Liechtenstein-Bell-Druck (JFB), dem Christie's2005-Exemplar (C05) und dem Stück aus Offenburg (Of) durch die amerikanischen Forscher im Dezember 2017 brachte folgende Ergebnisse: »Printing of BSB and C17 maps are very light compared to JFB, C05, and Of, eg. missing detail in oceans; however these lines are either present or not present, rather than fading in and out as would tipical due to wear on woodblock, implying possible photomechanical reproduction.« Und

[226] Christie's (Hg.), Valuable Books and Manuscripts (Auction Wednesday 13 December 2017), London 2017, Los Nr. 97, S. 94–98, hier Abbildung Doppelseite S. 96/97.

[227] Aufzeichnung Ingeborg Otto, um 1992, Nachlass Carl Schweidler, Berlin, Mitte Museum, Archiv.

[228] Schweidler, Instandsetzung, S. 14f.

weiter: »In many places, ocean lines are run together creating ›blobs‹ that are difficult to explain by wear to woodblock, and may imply clumping of ink or photomechanical reproduction.«[229]

Die Untersuchung der Globensegmentkarte im Januar 2018 durch das Institut für Bestandserhaltung und Restaurierung der Bayerischen Staatsbibliothek München ergab noch weitere Auffälligkeiten. So fehlte einerseits der für einen Holzdruck typische Quetschrand, andererseits ist auf der linken Seite eine Doppelung bzw. Verschiebung des Druckbilds zu erkennen. Dies ist für einen Holzdruck, bei dem die Druckplatte fest auf das Papier gepresst wird, untypisch. Die Beobachtungen der amerikanischen Forscher fanden so eine Bestätigung.

Das für die Anfertigung der beiden Blätter verwendete Druckverfahren war eventuell die Fotolithografie. Als Vorlage diente das Foto, das 1950 nach Abschluss der Restaurierung zur Bebilderung des Parke-Bernet-Katalogs angefertigt worden war. Ein Vergleich der Abbildung von 1950 mit dem Kraus-BSB-Exemplar zeigt signifikante Übereinstimmungen und in der Gegenüberstellung zum Original auffallende Unterschiede. Die Strichstärke der Unterteilung der Globensegmente und der Buchstaben ist ausgeprägter als im Original, während die ziemlich dünne Schraffierung innerhalb der Segmente auf die Fotovorlage zurückzuführen ist. Vielleicht war das Format des zur Verfügung stehenden Negativs für eine direkte Reproduktion nicht geeignet, sodass der Weg über ein Zwischennegativ mit leichtem Qualitätsverlust gewählt werden musste

Zu fragen ist bei diesem Verfahren allerdings, ob sich der oder die Fälscher wirklich die Mühe gemacht haben, einen Lithografiestein anzufertigen. Ein Edeldruckverfahren hingegen, wie beispielsweise der Bromölumdruck[230], hatte den Vorteil, dass kein Negativ in der Größe des endgültigen Bildformats benötigt wurde. Neben dieser Unabhängigkeit vom Format des Negativs und der leichteren Herstellung vergrößerter Drucke hatte dies den Vorteil der Vervielfältigung auf beliebigen nichtfotografischen Papieren im Umdruckverfahren.

Das Bild konnte in der gewünschten Größe auf einem Bromsilbergelatinepapier ausbelichtet werden. Durch das anschließende Bleichen, Fixieren und Wässern wurde die belichtete Emulsion proportional zum Silberbild gehärtet. Wurde das Bromsilbergelatinepapier nun erneut in Wasser eingeweicht, entstand ein Quellrelief, das die Ölfarbe annahm. Matrize und Übertragungspapier

[229] E-Mail von Nick Wilson an die Bayerische Staatsbibliothek, Dezember 2017, vgl. Bayerische Staatsbibliothek, Abteilung Karten und Bilder, Registratur 1227.

[230] Für den Hinweis auf das Bromölumdruckverfahren und für die technischen Erläuterungen dazu danke ich sehr herzlich Dr. Thorsten Allscher vom Institut für Bestandserhaltung und Restaurierung der Bayerischen Staatsbibliothek München. Zur Technik vgl. Robert Knodt (Hg.), Verfahren der Fotografie: Bilder der Fotografischen Sammlung im Museum Folkwang Essen, 7. Mai bis 16. Juli 1989, 2. erw. Aufl., Essen 1989, S. 73f. und Erich Mayer, Bromöldruck und -umdruck (Enzyklopädie der Photographie und Kinematographie 81), Halle 1927, hier S. 7f.

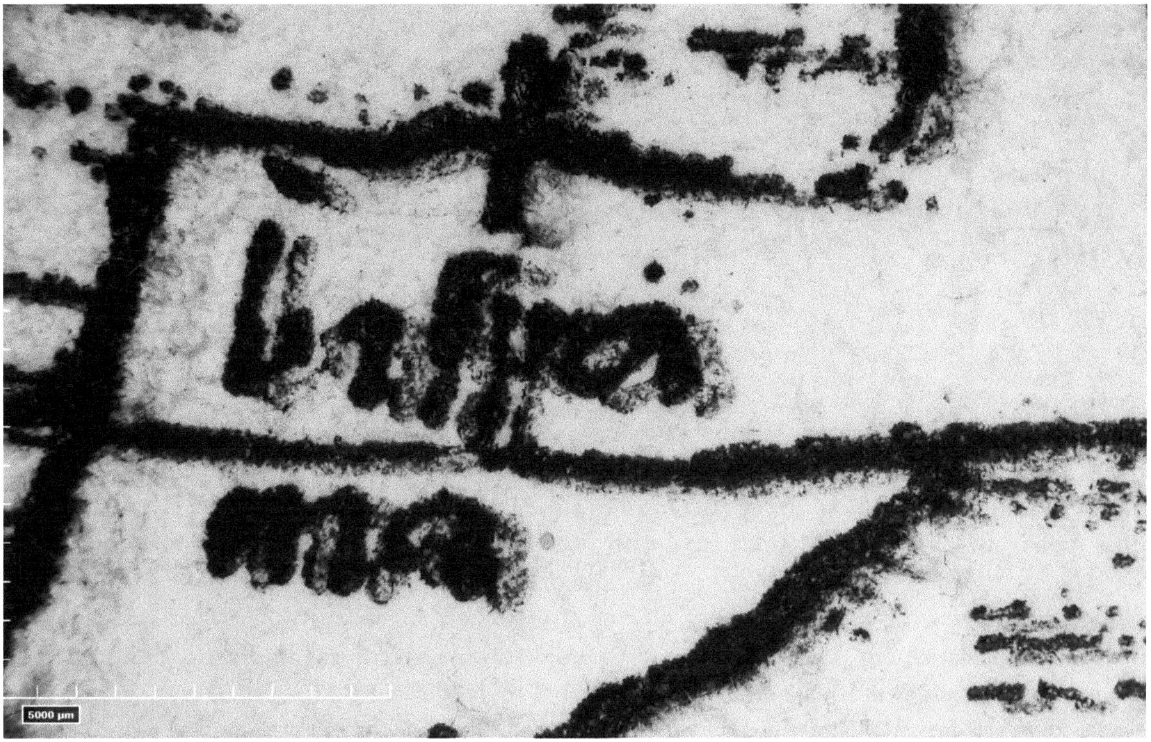

*Detailansicht des Kraus-BSB-Exemplar mit dem verschobenen Druckbild, das die linke Hälfte des Blattes prägt. Institut für Bestandserhaltung und Restaurierung der Bayerischen Staatsbibliothek München*

wurden dann übereinandergelegt und zwischen Kartons gepresst. Nach einem Druckvorgang hob man eine Ecke der Matrize an, kontrollierte die Farbübertragung und musste bei unzureichendem Farbübertrag noch einmal pressen. Typisch für dieses Verfahren sind die Doppelkonturen, wie sie auf dem Globensegmentblatt nachzuweisen sind.

Bromölumdrucke hatten die Hochphase zwischen 1909 und 1940, wie bei allen diesen Techniken gibt es aber kein definiertes Enddatum. Diese und andere Edeldruckverfahren werden im Prinzip bis heute in der Kunst verwendet, sodass es auch kein Problem gewesen wäre, sich dieser Technik in den 1950er-Jahren zu bedienen.

Noch 1970 urteilte Eduard Trauscholdt, der Doyen der deutschen Kunsthändlerszene, über die Gefahr von fotomechanischen Reproduktionen. Wenn altes Papier in Verbindung mit den richtigen

Wasserzeichen verwendet würde, dann könne die Fälschung äußerst täuschend sein. Zur Aufdeckung der Fälschung müsse dann der Originaldruck herangezogen werden.[231]

Die beiden Abzüge der Waldseemüller-Globensegmente bestätigen dieses Urteil. Sowohl das Kraus-BSB-Exemplar als auch das Christie's2017-Blatt waren technisch so überzeugend hergestellt, dass erst mit den Bildvergleichsmöglichkeiten der letzten Jahre diese neuen Fälschungsbefunde festgestellt werden konnten.

## 3 DER FALL DER PTOLEMÄUS-INKUNABEL

Die Verbindung des gefälschten Globensegmentblatts mit der Ptolemäus-Inkunabel von 1486 gab eine Reihe von Rätseln auf. Warum wurde das Blatt ausgerechnet in diese Inkunabel eingebunden? Warum tauchte diese Inkunabel 1960 urplötzlich auf?

Eine nähere Betrachtung der Inkunabel und ihrer Provenienz bringt nun einige bislang als sicher angenommene Punkte ins Wanken. Vor allem der Besitz dieser Inkunabel durch die Familie Maltzan erscheint äußerst fraglich. Dieser erweist sich augenscheinlich sowohl aus dem Besitzvermerk als auch aus dem »Wappen« in Form eines stilisierten »M« in einem Schild sowie aus den Angaben im Auktionskatalog von 1960 zur Provenienz und zum Einlieferer. Wie nun zu zeigen sein wird, ist die Maltzan-Provenienz der Inkunabel zur Gänze eine dreiste Fälschung.

### Die Inkunabel[232]

Der Auktionskatalog von 1960 führte als Eigentümer der Inkunabel Graf Andreas Maltzan (1863–1921) in Militsch, Niederschlesien, und als Einlieferer einen namentlich nicht genannten Erben an. Bereits die Frage, wann der Ankauf der Ptolemäus-Inkunabel durch das Haus Maltzan erfolgte, ist nicht zu klären. Durch eingeklebte Exlibris sind zunächst Christian Ernst Graf zu Stolberg-Wernigerode (1691–1771) und Graf Sergej Alexandrowich Sobolevskij (1803–1870) als

[231] Eduard Trauscholdt, Zu Nachahmungen und Fälschungen. Ein Beitrag aus der Perspektive eines Graphikhändlers, in: Peter Bloch / Gisela Zick (Hg.), Festschrift für Heinz Ladendorf, Köln / Wien 1970, S. 180–183 und Abb. Tafel LV-LX.

[232] BSB-Ink P-860,6 (Signatur: 2 Inc. c. a. 1820 a), vgl. URL: http://inkunabeln.digitale-sammlungen.de/Exemplar_P-860,6.pdf [12.2.2019].

Vorbesitzer nachgewiesen.[233] Ein großer Teil dieser Sobolevskij-Bibliothek wurde 1873 bei List & Francke[234] in Leipzig versteigert. Im Versteigerungskatalog ist jedoch keine Ptolemäus-Ausgabe von 1486 nachgewiesen, wohl aber an prominenter Stelle eine Inkunabel von 1482.[235] Der Ankauf der Ptolemäus-Inkunabel in der Ausgabe von 1486 kann ohnehin erst später erfolgt sein, da Andreas Graf Maltzan bei der Versteigerung von 1873 erst zehn Jahre alt war.[236]

Wenn die Angabe im Auktionskatalog von 1960 richtig ist, dann müsste der Ankauf der Inkunabel also zu Lebzeiten von Andreas Graf Maltzan vor 1921 aus einer unbekannten Quelle stattgefunden haben. Die biografischen Informationen, die zu Graf Andreas vorliegen, weisen ihn allerdings nicht als besonderen Bibliophilen aus. Sein Interesse galt dem Erwerb von Gemälden, Skulpturen und Möbeln der Renaissance.[237] Ein Erwerb wäre wohl vor 1914 zu datieren, da der Erste Weltkrieg und der politische Umbruch nach 1918 teure Bücherkäufe eher unwahrscheinlich machen.

Diese Ungereimtheiten kann man für ein normales Bücherschicksal halten. Es stellt sich allerdings als Nächstes die Frage, was mit der Inkunabel bzw. der Bibliothek nach 1921, also nach dem Tod von Graf Andreas, passierte. Bis zur Einlieferung der Inkunabel bei Sotheby's 1960 besteht immerhin eine Lücke von fast 40 Jahren. Dazwischen liegen der Zweite Weltkrieg mit der Aufgabe des Maltzan'schen Familiensitzes in Schlesien und dessen Besetzung durch die russische Armee im Februar 1945 sowie die Flucht der Familie nach Westen. Von einer Verlagerung der Bibliothek, zu der auch die Ptolemäus-Inkunabel gehört haben müsste, in den Westen weiß man

233 Vgl. Friedrich Warnecke, Die deutschen Bücherzeichen (Ex-libris) von ihrem Ursprunge bis zur Gegenwart, Berlin 1890, hier Nr. 2116 (Stolberg-Wernigerode) und Nr. 2047 (Sobolevskij). Das ältere Stolberg-Wernigerode-Exlibris, datiert 1721, befindet sich mittig, das Sobolevskij-Exlibris, beschriftet »Ex Bibliotheca Sobolewskiana«, darüber.

234 Catalogue de la collection précieuse de livres anciens et modernes formant la bibliothèque de feu M. Serge Sobolewski (de Moscou): dont la vente se fera le lundi 14 juillet 1873 & jours suivants à Leipzig, dans la salle de vente de MM. List & Francke …, Leipzig und London 1873, URL: http://opacplus.bsb-muenchen.de/title/BV020152399/ft/bsb11157876?page=1 [12.2.2019].

235 Catalogue, Nr. 1769, auf S. XII unter den besonders prominenten Stücken aufgelistet und nochmals auf S. 117. Die Inkunabel wird beschrieben als *Ptolomaei, Cl., Cosmographia latina … Anno MCCCCLXXXII Augusti vero Kalendas XVII, impressum Ulmae*, wobei die 32 Karten mit altem Kolorit besonders betont werden.

236 Die Beschreibung von Christie's2017, in der bezüglich der Provenienz des Kraus-BSB-Exemplars angegeben wird, dass es über List & Francke in Leipzig versteigert worden sei, ist deshalb zu korrigieren.

237 Schmidt, Geschichte des Geschlechts von Maltzan, S. 176–181, hier S. 176 Anm. 3 und S. 177. Der 1926 erschienene Band stützt sich bei der Biografie von Andreas Graf Maltzan auf Angaben des Generalbevollmächtigten der Freien Standesherrschaft Militsch. Vgl. Maltzan, Andreas Graf von, Indexeintrag: Deutsche Biographie, URL: https://www.deutsche-biographie.de/pnd139009140.html [12.2.2019].

nichts. Die Familie konnte bei ihrer Flucht vor den russischen Truppen keinerlei Bücher oder Handschriften mitnehmen.[238]

Vor Kurzem wurde bekannt, dass sich zumindest Teile der Bibliothek Maltzan noch in Polen befinden: »Wie sich herausstellte, wurde 1945 im Zuge der Zwangsverstaatlichung die Bibliothek der deutschen Adelsfamilie Maltzan auf Schloß Militsch nach Posen verbracht.«[239] Ein Bericht aus dem Sommer 1945 gibt an, dass auch nach den Plünderungen zu Kriegsende umfangreiche Teile der Maltzan-Bibliothek noch in Militsch vorhanden waren. Der damalige Bestand an Manuskripten und Drucken wurde dann in die Universitätsbibliothek Poznán / Posen eingegliedert.[240] Dies würde zumindest erklären, warum außer der Ptolemäus-Inkunabel bislang kein Bibliotheksgut mit gesicherter Maltzan-Provenienz in den Auktionshandel gekommen ist.[241]

Es wäre nun möglich, dass die Ptolemäus-Inkunabel bereits in der Zwischenkriegszeit verkauft worden ist. Diese Vermutung erklärt aber nicht die Übereinstimmung zwischen einem Maltzan-Einlieferer und der Maltzan-Provenienz beim Verkauf von 1960. Der Maltzan-Einlieferer müsste dann zu einem nicht bekannten Zeitpunkt die Inkunabel wieder erworben haben.

Dies gilt analog auch für die Annahme, die Ptolemäus-Inkunabel sei 1945 als Plünderungsgut aus Militsch weggekommen. Auch in diesem Fall hätte der Einlieferer seine bzw. die Inkunabel seiner Familie zurückerwerben müssen, um sie 1960 dann verkaufen zu können. Die ungeklärte lange Zeitspanne des Verbleibs der Inkunabel nach dem Tod von Graf Andreas von Maltzan 1921 und dem Wiederauftauchen 1960 hatte auch die Bayerische Staatsbibliothek zu den erwähnten Nachforschungen veranlasst. Anfragen der Familie Maltzan in den 1990er-Jahren bei Sothe-

238 Hinweis von Graf Mortimer Maltzan an den Verfasser, Juli 2018.

239 URL: http://wochenblatt.pl/breslauer-gambe-trifft-maltzan-sammlung/ [12.2.2019]. Hier auch zu den Musikalien aus der Bibliothek Maltzan, URL: http://www.guentersberg.de/noten/de/g301.php [12.2.2019]. Sie wurden 2016 in der Bibliothek der Adam-Mickiewicz-Universität in Poznán, Polen, wiederentdeckt, URL: http://www.rism.info/de/startseite/newsdetails/select/rediscovered/article/64/karl-friedrich-abel-manuscripts-found-in-poland.html [12.2.2019]. So auch: »Im Zuge der Verstaatlichung im Jahr 1945 kamen die Musikunterlagen zusammen mit der kompletten Bibliothek aus Schloss Maltzan in die Universitätsbibliothek in Poznań.«

240 Sonia Wronkowska, Newly discovered works for viola da gamba by Carl Friedrich Abel: the Maltzan Collection, in: Early Music, 46 (2018), S. 271–284, hier S. 271, URL: https://academic.oup.com/em/article/46/2/271/5025944?guestAccessKey=bf25c15c-f673-405d-8fab-ce1348163591 [12.2.2019].

241 Laut Auskunft von Sonja Wronkowska findet sich bei den von ihr untersuchten Musikhandschriften kein Besitzvermerk, der dem Eintrag von Lugt 3024a oder dem Maltzan-M des Kraus-BSB-Exemplars ähnelt. Eine detailliertere Untersuchung des erhaltenen Buchbestands steht noch aus, da die Bände ohne Provenienzerfassung in den allgemeinen Bestand integriert wurden (Hinweis von Sonja Wronkowska vom September 2018).

by’s in London und bei der Firma H. P. Kraus in New York zur Person des Einlieferers blieben ebenfalls ergebnislos. Es erscheint daher äußerst zweifelhaft, dass sich die Ptolemäus-Inkunabel überhaupt jemals im Bibliotheksbestand der Familie Maltzan befunden hat.

### Der Sammlervermerk Lugt 3024a

Ein näherer Blick auf den Besitzvermerk, der bislang diese Inkunabel zweifelsfrei als Maltzan-Besitz identifiziert hat, stellt die Maltzan-Provenienz endgültig infrage. Die beiden gedruckten Exlibris, die die Vorbesitzer des Bandes, Stolberg-Werningerode und Sobolevskij, nachweisen, befinden sich auf dem vorderen Spiegel, also dem inneren Buchdeckel. Die Maltzan-Hinweise sind auf Blatt 1 der Inkunabel vermerkt. Dabei handelt es sich nicht um gedruckte, sondern um handschriftliche Einträge. Der Besitzvermerk besteht zum einen aus einem laienhaft gemalten »Wappenschild« mit einem stilisierten »M« an der oberen Kante der Seite. Auf derselben Seite sind eine alte Signatur und ein Eintrag aus einer Buchstaben- und Zahlenkombination zu lesen. Im Auktionskatalog von 1960 ist dazu vermerkt: »Count Maltzan, for long at Castle Militsch in Upper Silesia, bearing the collector’s mark (M within a shield) on the first page blank of the Ptolemy. (Cf. Lugt, Marques de Collections. Supplément, 1956, p.430 …)«.[242]

Im Inkunabelkatalog der Bayerischen Staatsbibliothek heißt es zur Provenienz: »Andreas Joachim Mortimer Graf Maltzan, Freiherr zu Wartenberg und Penzlin (1863–1921), Schloss Militsch, Oberschlesien; auf Bl. 1 (A8) a Wappenschild mit Monogramm M. – Auf Bl. 1 (A8) a hs. Einträge: alte Signatur ›H.5.11‹ sowie ›S. W. B. A. b. 418‹.«[243]

Bei einem Vergleich der fraglichen Seite der Inkunabel mit dem Eintrag im Supplementband von Lugt fällt sofort auf, dass dieser Eintrag fast identisch mit dem bei Frits Lugt[244] abgedruckten Sammlervermerk ist. Nur die Nummer unterscheidet sich. Bei Lugt erscheint die Nummer 417, in der Ptolemäus-Inkunabel ist 418 angegeben. Weiterhin wird bei Lugt das angebliche Maltzan-M als Sammlermarke mit keinem Wort erwähnt. Die Angabe im Auktionskatalog vom Mai 1960 erweist sich also als geschicktes Verschleierungsmanöver des Autors. Die angebliche Sammlermarke »M in einem Schild« wird bei Lugt mit keinem Wort erwähnt, während die Beschreibung von Lugt 3024a in der Auktionsbeschreibung verschwiegen wird.

[242] Sotheby’s (Hg.), Catalogue of highly important printed books, S. 34.

[243] BSB-Ink P-860,6 (Signatur: 2 Inc. c. a. 1820 a), vgl. URL: http://inkunabeln.digitale-sammlungen.de/Exemplar_P-860,6.pdf [12.2.2019].

[244] Lugt, Frits, Les Marques de Collections de Dessins & d’Estampes … Supplementum, Amsterdam 1956, S. 430, URL: http://www.marquesdecollections.fr/detail.cfm/marque/10426 [12.2.2019] zu 1956.

*Vorgebliche Maltzan-Signatur mit stilisiertem M*

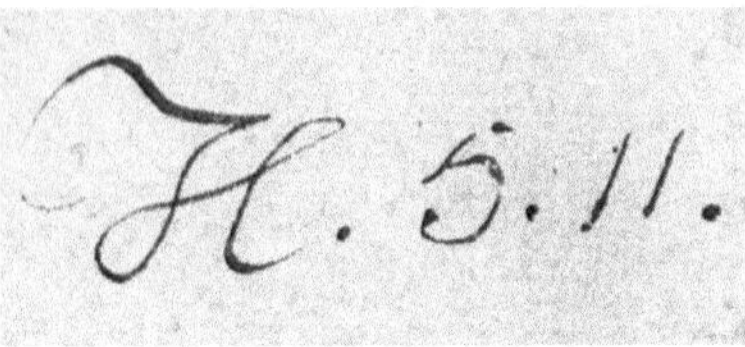


*Alter Signatureintrag*

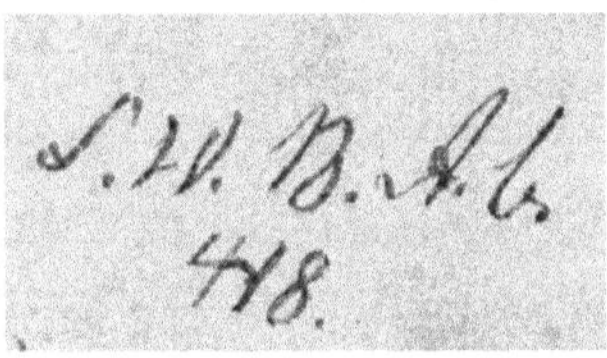

*Alter Besitzer- und Signatureintrag*

*Ansicht der Seite A 1 der Ptolemäus-Inkunabel von 1486 mit drei Einträgen. Bayerische Staatsbibliothek München*

Frits Lugt druckte erstmals in seinem 1956 erschienenen Nachtragsband diesen Besitzvermerk ab und gab dazu an: »La famille de Maltzan possédait une très importante collection d'estampes anciennes spécialement des maîtres allemands du XV^e siècle et quelques très beaux dessins allemands (Dürer, Baldung Grien, école du Danube, etc.). M. Lehrs, dans son grand ouvrage *Geschichte und kritischer Katalog des deutschen, niederländischen und französischen Kupferstichs im XV. Jahrhundert*, Vienne 1908–1934, la cite souvent. Le château fut détruit par les Russes pendant la guerre 1939–1945, mais il semble que des feuilles de cette collection circulent sur le marché. Elles portent parfois, au verso, des indications et des numéros d'inventaire dont nous reproduisons ci-contre un spécimen.«[245] Unmissverständlich kommt hier zum Ausdruck, dass sich der abgedruckte Sammlervermerk, von Lugt mit der Nummer 3024a bezeichnet, nur auf die Blätter der grafischen Sammlung Maltzan bezieht.

Lugt gibt hier nicht die genaue Quelle des Maltzan-Sammlervermerks an, die er möglicherweise seiner eigenen umfangreichen Grafiksammlung entnommen hat. Auf jeden Fall tauchen erst nach Ende des Zweiten Weltkriegs die ersten Blätter aus der Maltzan-Sammlung im Kunsthandel auf. Es wäre also denkbar, dass Frits Lugt zu dieser Zeit ein Blatt aus der Maltzan-Sammlung erworben hat, aus dem dann der Sammlervermerk für seinen Nachtragsband von 1956 stammt.

Durch die Publikationen von Max Lehrs[246] seit dem Ende des 19. Jahrhunderts waren Umfang und Bedeutung der Maltzan'schen Grafikbestände in der Sammlerwelt bekannt. Bereits seit 1921, also nach dem Tod von Graf Andreas bemühte sich der Kunsthändler Hans Boerner vergeblich um eine Besichtigung der Grafiksammlung. 1928 probierte er es erneut, um beschieden zu werden, dass nur eine Benutzung unter kunsthistorischen Gesichtspunkten möglich sei, aber keine Verkaufsanfragen erwünscht seien.[247] Die Grafiksammlung und analog auch die Handschriften und Drucke unterlagen erst nach 1918 nicht mehr der strengen Fideikommiss-Regelung, die adeligen Familienbesitz zusammenhalten sollte und damit Verkäufe praktisch ausschloss.[248]

[245] URL: http://www.marquesdecollections.fr/detail.cfm/marque/10426 [12.2.2019]. Text identisch mit Lugt, Supplementum, 1956, S. 430, Nr. 3024a.

[246] Max Lehrs, Der deutsche und niederländische Kupferstich des fünfzehnten Jahrhunderts in den kleineren Sammlungen, in: Repertorium für Kunstwissenschaft 16 (1893), S. 309–343, hier S. 323–338: Kurzaufstellung der Grafiken in Militsch mit 121 Nummern der Zeit vor 1500; vgl. Max Lehrs, Geschichte und Kritischer Katalog des deutschen, niederländischen und französischen Kupferstichs des XV. Jahrhunderts, 9 Bde., Wien 1908–1934, passim.

[247] Vgl. die Einleitung von Ruth-Maria Muthmann, in: C. G. Boerner (Hg.), Von Israhel van Meckenem bis Albrecht Dürer: Deutsche Graphik 1470–1530; aus Sammlung Graf Maltzan; Einladung zur Ausstellung … vom 2.-20. Februar 1983. Neue Lagerliste 78, Düsseldorf 1983, S. 4, Schreiben der Verwaltung der Freien Standesherrschaft Maltzan vom 21.8.1921 und 14.6.1928 an Hans Boerner.

[248] Schmidt, Geschichte des Geschlechts von Maltzan und von Maltzahn, Bd. 2, 4, S. 180 u. S. 312.

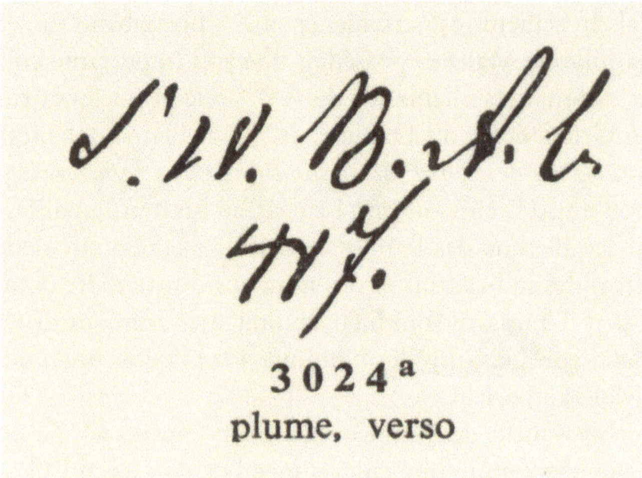


*Sammlervermerk Lugt 3024a auf Grafiken mit Provenienz Familie Maltzan. Entnommen aus: Frits Lugt, Les Marques de Collections de Dessins & d'Estampes, Supplement, Amsterdam 1956, S. 430.*

*Detail des vorgeblichen Maltzan-Besitzereintrags auf Blatt A 1 der Ptolemäus-Inkunabel von 1486.*
*Bayerische Staatsbibliothek München*

Die Sammlermarke Lugt 3024a als allgemeine Zuschreibung aus dem Besitz des Grafen Maltzan oder aus dem Besitz des Freiherrn Joachim IV. von Maltzan ist bislang über jeden Zweifel erhaben und bei Grafiken aus gutem Grund nicht in Frage gestellt worden. Im Versteigerungskatalog der Maltzan-Grafiken bei Boerner von 1983 wird dieser Besitzvermerk erstmals als Hinweis auf Joachim IV. Freiherrn von Maltzan (1593–1654) interpretiert. Als Beleg dafür werden ähnliche Vermerke auf der Rückseite von mehr als 20 Stichen angeführt.[249] Auch in der seit 2010 fortgeschriebenen Onlineausgabe der Bände von Lugt[250] wird diese Sammlermarke so aufgelöst.

Sowohl die Auflösung der Abkürzungen des Sammlerstempels als auch ein näherer Blick in die Biografie von Joachim von Maltzan lassen ernsthafte Zweifel an dieser Zuschreibung aufkommen. Die Auflösung des ersten Buchstabens als J(oachim) ist schon fantasievoll. Vor allem aber entspricht die Dechiffrierung der beiden nächsten Buchstaben, wenn die Lesart richtig sein sollte, als IV, also die Zählung von Freiherrn Joachim von Maltzan als vierte Person in der Familienabfolge, nicht der adeligen Selbsteinschätzung in der ersten Hälfte des 17. Jahrhunderts. Die Selbstnennung erfolgt klassischerweise als Joachim Maltzan ohne eine Namenszählung. Erst in den biografischen Werken des 19. Jahrhunderts wird diese Zählung als Lesehilfe für den Interessierten üblich.

Auch die Biografie von Joachim IV. von Maltzan lässt diesen nicht gerade als ausgewiesenen Kunstkenner erscheinen. Inmitten der Wirren des Dreißigjährigen Kriegs war Joachim Maltzan durch Einquartierungen, Truppendurchzüge und die Übernahme von diplomatischen Missionen finanziell hoch belastet und hinterließ seinen Erben einen ansehnlichen Schuldenberg. Es ist sehr zweifelhaft, ob dieser Vertreter der Familie Maltzan die finanziellen Ressourcen für Ankäufe von Grafikblättern oder die Muße zur Pflege seiner Sammlung besessen hat. Sein Biograf schweigt sich dazu aus.[251]

249 C. G. Boerner (Hg.), Von Israhel van Meckenem bis Albrecht Dürer: Deutsche Graphik 1470–1530; aus Sammlung Graf Maltzan, S. 3; ähnlich auch ein Artikel, der anlässlich der Versteigerung erschien, Ruth-Maria Muthmann, Frühe Kupferstiche aus der Sammlung Graf Maltzan, in: Artis 35 (1983) Heft 2, S. 12, Freiherr Joachim IV. von Maltzan habe eine Reihe von Blättern in brauner Tinte oder Kreide am rückseitigen Oberrand monogrammiert und nummeriert. Im Auktionskatalog handelt es sich um die Nummern 12, 34, 46, 59, 62, 63, 80, 81, die in der Objektbeschreibung mit dem Namen Joachim IV. von Maltzan und der Nummerierung ausgewiesen sind, leider ohne aber die Nummerierung anzugeben oder abzudrucken. Bei weiteren Blättern wird aufgrund einer einzelnen Nummer ohne weiteren Beleg auf einen Zusammenhang mit Joachim IV. von Maltzan geschlossen.

250 Der ausführliche Text mit der Angabe »depuis 2010« URL: http://www.marquesdecollections.fr/detail.cfm/marque/10426 [12.2.2019].

251 Zur Biografie vgl. Berthold Schmidt, Geschichte des Geschlechts von Maltzan und von Maltzahn, Bd. II, 3, Schleiz 1920, S. 246–258.

*Detail verso des Kupferstichs von Veit Stoß (um 1445/50-1533), Madonna mit dem Granatapfel. Nürnberg, um 1495/97 (Inv. Nr. K 25727).*
*Germanisches Nationalmuseum Nürnberg*

*Detail verso des Kupferstichs von Meister IAM von Zwolle, Die Jungfrau Maria mit dem Kind (Inv.-Nr. RP-P-2014-30).*
*Rijksmuseum Amsterdam*

*Radierter Besitzvermerk auf der Rückseite des Globensegmentblatts in der Ptolemäus-Inkunabel (Kraus-BSB-Exemplar).*

*Radierter Besitzvermerk bearbeitet und hervorgehoben.*
*Institut für Bestandserhaltung und Restaurierung der Bayerischen Staatsbibliothek München*

Die Gleichsetzung von Lugt 3024a mit der Provenienz Joachim IV. von Maltzan hat sich aber durchgesetzt und diese Identifizierung findet sich auch in der gegenwärtigen Auktionsliteratur und in Beschreibungen von Grafiken aus der Sammlung Maltzan / Schloss Militsch. Im Schongauer-Katalog von Stogdon 1998 trägt das Blatt des Meisters ES, Der hl. Johannes auf Patmos, auf der Rückseite die Initialen von Joachim IV. und die Nummer A.a 128.[252] Der 2003 erschienene Katalog von Kornfeld in Bern schreibt zu einem Kupferstich des Meisters ES etwas vorsichtiger nur von der Provenienz Graf Maltzan »rückseitig mit dem Monogramm und der Inventarnummer, zu datieren Ende 18./Anfang 19. Jahrhundert« und gibt als Beleg Lugt 3024a an.[253] Auch das in der National Gallery of Art in Washington befindliche Blatt mit dem hl. Bartholomäus aus der Mitte des 15. Jahrhunderts wird mit der Provenienz Joachim IV. von Maltzan und der Marke Lugt 3024a angeführt; danach sei es bis nach dem Zweiten Weltkrieg im Besitz der Nachkommen gewesen, die das Blatt an Richard Zinser verkauft hätten. Als Auflösung der mit brauner Tinte geschriebenen Sammlermarke wird als Lesart angeboten: »Juvu (?) & Sv. 10«.[254]

Auch das vom Germanischen Nationalmuseum 2001 aus dem Auktionshandel erworbene Veit-Stoß-Blatt mit der Provenienz Sammlung Maltzan und dem Vorbesitzer Richard H. Zinser trägt auf der Rückseite den Maltzan-Besitzvermerk mit der bekannten Kombination von Buchstaben und Zahlen.[255] Ob sich diese Vermerke wirklich auf Freiherrn Joachim IV. von Maltzan beziehen, erscheint zwar unwahrscheinlich, die Herkunft dieser Grafiken aus der Sammlung Maltzan ist aber eindeutig. Eine Datierung der Schrift in die erste Hälfte des 17. Jahrhunderts scheint fragwürdig, die Einordnung Ende 18. Jahrhundert / Anfang 19. Jahrhundert wahrscheinlicher.

Bei der vom Institut für Bestandserhaltung und Restaurierung der Bayerischen Staatsbibliothek München im Januar 2018 durchgeführten Untersuchung des Globensegmentblatts wurden auch Abbildungen der Rückseite angefertigt. Dabei konnte eine Markierung festgestellt werden, die dem Druckbild des Maltzan-Sammlervermerks Lugt 3024a im Supplementband von Lugt sehr ähnlich ist. Die zweite Untersuchung im Februar 2019 brachte den Befund, dass diese Signatur ursprünglich mit Bleistift ausgeführt worden war und später ausradiert wurde. Die noch verbliebenen Reste konnten im diffusen Streiflicht sichtbar gemacht und fotografiert werden. Die Handschrift dieser Signatur weicht von der Handschrift der rechten Signatur auf dem Blatt

252 So im Katalog von Nicholas Stogdon, Martin Schongauer, Catalogue 10, Middle Chinnock 1996, Nr. 46.

253 Christine E. Stauffer, Die Geschichte der Graphik von 1430 bis 1990 in ausgewählten Werken: 23. September bis 29. November 2003, Galerie Kornfeld, Bern, Lagerkatalog Herbst 2003, Bern 2003, Nr. 5.

254 URL: https://www.nga.gov/collection/art-object-page.131468.html#inscription [12.2.2019].

255 Ich bin für Auskünfte Yasmin Doosry, Leiterin der Graphischen Sammlung des Germanischen Nationalmuseums Nürnberg, zu Dank verpflichtet.

A (1) ab. Der Vergleich der beiden Signaturen weist aber eine frappierende inhaltliche Übereinstimmung auf.

Wenn sich diese Spur als richtig erweist, wonach sich auch auf der Rückseite des in das Kraus-BSB-Exemplar eingebundenen Globensegmentblatts ein Eintrag befindet, der mit Lugt 3024a zumindest große Ähnlichkeit hat, ergeben sich weitere Fragen: War etwa das Blatt zuerst für den »Einzelverkauf« bestimmt und sollte der Sammlervermerk die Provenienz Graf Maltzan / Schloss Militsch belegen?

Zur Einschätzung des Kraus-BSB-Exemplars bleibt also festzuhalten, dass diese Art von Besitzvermerk bislang ausschließlich bei Grafikblättern aus Maltzan-Besitz nachzuweisen ist. Da bei der Ptolemäus-Inkunabel nicht einmal die Signatur angepasst, sondern die sonst für Grafiken verwendete Signatur beibehalten wurde, wobei nur die Zahl von 417 auf 418 verändert wurde, haben wir es hier offensichtlich mit einer Fälschung zu tun.[256]

Wenn der Maltzan-Besitzvermerk in der Inkunabel echt sein sollte und tatsächlich auf Joachim IV. von Maltzan zurückzuführen wäre, müssten immer noch die beiden Exlibris der Besitzer Stolberg-Wernigerode und Sobolevskij erklärt werden. In diesem Fall gäbe es als Erstbesitzer einen alten Maltzan-Besitzvermerk aus dem 17. Jahrhundert, dann mit Stolberg-Wernigerode und Sobolevskij zwei weitere Besitzer und dann wieder einen Maltzan-Besitz. Diese Kombination wird wohl auszuschließen sein, zumal sie auch nicht erklären kann, warum der Maltzan-Besitzeintrag in der Inkunabel bis auf eine Ziffer identisch mit den Grafik-Einträgen ist.

Es ist also davon auszugehen, dass dieser Inkunabel von kundiger Hand zu einer vermeintlich sicheren Maltzan-Provenienz verholfen wurde. Als Vorlage für den Besitzvermerk kann der Abdruck bei Lugt oder, unwahrscheinlicher, ein Original auf der Rückseite einer Grafik aus Maltzan-Besitz verwendet worden sein. Für eine Nachahmung des 1956 erstmals publizierten Drucks bei Lugt spricht, dass hier der Besitzvermerk, wahrscheinlich aus Platzgründen, in zwei Zeilen abgedruckt ist. Besonders auffällig ist dabei, dass die Inventarisierungsnummer in der zweiten Zeile mittig steht. Bei allen bislang bekannten Beispielen auf der Rückseite von Maltzan-Grafiken ist der Sammlervermerk aber in einer Zeile niedergeschrieben. Die Nachahmung des zweizeiligen Druckbilds von Lugt findet sich demgegenüber nur bei unserer Ptolemäus-Inkunabel und auf der Rückseite des darin eingebundenen Globensegment-Blatts.

[256] Der Fall, dass wir es hier gegen alle Gepflogenheiten mit einer fortlaufenden Inventarisierungsnummer (Grafik bei Lugt A.b. 417 und Inkunabel A.b. 418) zu tun haben, bei der nicht zwischen Inkunabel und Grafik unterschieden wurde, scheidet wohl aus. Außerdem wären dann genau diese beiden fortlaufenden Nummern innerhalb von vier Jahren öffentlich geworden (die Grafik im Jahr 1956 und die Inkunabel 1960) – ein allzu großer Zufall.

*Innenseite des vorderen Buchdeckels der Ptolemäus-Inkunabel mit neuem Vorsatzpapier und den beiden Exlibris.*
*Bayerische Staatsbibliothek München*

*Detail: Exlibris Bibliothek Graf Sergej Alexandrowich Sobolevskij (1803–1870).*

*Detail: Exlibris Bibliothek Christian Ernst Graf zu Stolberg-Wernigerode (1691–1771).*

Als reine Fiktion erweist sich schließlich das angebliche Maltzan-Wappen, dessen Vorlage, wenn es denn eine gegeben hat, bislang offen bleiben muss. Es hat keinerlei Ähnlichkeit mit einem echten Familienwappen der Familie Maltzan.[257]

Die Maltzan-Provenienz der Ptolemäus-Inkunabel als »Aufbewahrungsort« für das eingebundene Blatt mit den Globensegmenten erweist sich somit als eine Fälschung unter Verwendung des Besitzvermerks Lugt 3024a: Die Inkunabel wurde zwischen 1956, dem Erscheinungsjahr des Supplementbands von Lugt, und dem Versteigerungstag, dem 31. Mai 1960, mit einem gefälschten Maltzan-Besitzvermerk versehen.

Warum ist bei der Erstellung der Beschreibung für die Auktion von 1960 niemandem die Übereinstimmung der beiden Sammlermarken, also die Verwendung einer Grafikmarke für eine Inkunabel, aufgefallen?[258] Wenn der ungenannte Verfasser die Ptolemäus-Inkunabel und den Supplementband von Lugt verglichen hätte, wäre die Unmöglichkeit der Zuschreibung sofort augenscheinlich geworden. Wenn die beiden Exlibris eine Provenienz Stolberg-Wernigerode (1721) und Sobolevskij (gest. 1870) suggerieren sollten, war dann ein Besitzvermerk Maltzan notwendig, um einerseits die große zeitliche Lücke seit dem Verkauf der Bibliothek Sobolevskij 1873 zu überbrücken und andererseits den namentlich nicht genannten Maltzan-Einlieferer von 1960 zu legitimieren?

Die zweite Untersuchung, die vom Institut für Bestandserhaltung und Restaurierung der Bayerischen Staatsbibliothek München im Februar 2019 durchgeführt wurde, bestätigte die schon bestehenden Zweifel an der Provenienz der Ptolemäus-Inkunabel. Hier konnte festgestellt werden, dass die Inkunabel wohl im frühen 20. Jahrhundert neu in den jetzigen Ganzlederband mit Gold- und Blindprägung gebunden wurde.

Wie das Gutachten weiter ausführt, wurden entweder im Zuge dieser Neubindung oder unabhängig davon zu einem späteren Zeitpunkt auch das vordere und das hintere Vorsatzpapier erneuert. Dazu kam ein Velinpapier, ein handgeschöpftes Papier ohne Siebstruktur, das optisch Pergament ähnelt, zum Einsatz. Damit rücken auch die bislang unstrittigen Exlibris Stolberg-Wernigerode und Sobolevskij, die auf der Innenseite des vorderen Buchdeckels auf dem neuen Vorsatzpapier angebracht sind, in das Zentrum der Betrachtung. Durch die Auflösung des ursprünglichen Zusammenhangs sind jetzt keine zeitlichen Aussagen über die Einbringung der

[257] Vgl. die Wappendarstellungen auf der Homepage des Familienvereins von Maltzan / von Maltzahn, URL: http://vonmaltzahn.org/familie/wappen/ [26.3.2019].

[258] Wer hat die Auktionsbeschreibung verfasst? Handelt es sich um ein analoges Beispiel zu 1950, als Zinser schreibt, er habe sich um die Auktionsbeschreibung gekümmert, allerdings wurde dann ein anderer Verfasser angegeben?

Exlibris mehr möglich. Sollten sich die beiden Exlibris auf dem ursprünglichen Vorsatzpapier befunden haben, so wären sie bei der Erneuerung des Vorsatzes herausgelöst und neu auf dem jetzigen Papier eingeklebt worden.

Das Gutachten fährt wörtlich fort: »Bei genauer Betrachtung der beiden Exlibris fällt der sehr unterschiedliche Erhaltungszustand ins Auge. Das Exlibris Sobolevskij zeigt deutliche Beschädigungen an den Rändern und bunte Verfärbungen, die einen alten Schimmelschaden vermuten lassen. Das Exlibris Stolberg-Wernigerode ist dagegen in einem exzellenten Erhaltungszustand, es zeigen sich auch in der Detailaufnahme keinerlei Beschädigungen, das Druckbild ist scharf und kontrastreich. Dies ist besonders bemerkenswert, da das Exlibris von Christian Ernst Graf zu Stolberg-Wernigerode (1691–1771) älter zu datieren ist als das von Graf Sergej Alexandrowich Sobolevskij (1803–1870). Da es somit auch deutlich früher im Buch angebracht worden sein sollte, sind die unterschiedlichen Erhaltungszustände nicht nachvollziehbar, wenn davon auszugehen ist, dass das Exlibris Sobolevskij später und in Nähe des ersten Exlibris eingeklebt wurde.« Damit gerät die bislang felsenfest scheinende Annahme einer gesicherten Stolberg-Wernigerode und Sobolevskij-Provenienz ins Wanken.

Zumindest bei der Provenienz Stolberg-Wernigerode gibt es, abgesehen von dem zweifelhaften Exlibris, bislang keinen Hinweis, dass diese Inkunabel jemals Teil dieser Bibliothek war. Christian Ernst Graf zu Stolberg-Wernigerode sammelte hymnologische Drucke und Bibelausgaben, jeweils mit mehreren 1000 Exemplaren nachgewiesen, dazu staatsrechtliche Literatur. Alle Bände versah Graf Christian Ernst mit seinem Exlibris und auf dem Rücken vermerkte er eigenhändig das Erscheinungsjahr. Sie erhielten außerdem eine Inventarnummer. Die Ptolemäus-Inkunabel trägt nun eine Nummerierung H.5.11. Der 1866 veröffentlichte Bibliothekskatalog zeigt aber deutlich, dass die Signaturen der Bibliothek Stolberg-Wernigerode immer aus zwei Buchstaben und einer anschließenden Zahl bestanden. Dem Buchstaben H entspricht dabei das Fach Theologie mit den Unterteilungen Ha Bibeln, Hb Hymnologie, Hc Evangelische Theologie und weiteren Gebieten. Eine Übereinstimmung des Eintrags in der Ptolemäus-Inkunabel mit der Stolbergschen Bibliothekssignatur ist also auszuschließen. Zwischen 1780 und 1790 ist zwar ein Verkauf von theologischen Werken nachgewiesen, aber ebenso Ankäufe von Reiseliteratur. Die 1931 von dem Verlagsbuchhändler und Versteigerer Martin Breslauer angefertigte Übersicht über die Fürstlich Stolbergsche Bibliothek weist nur eine Ptolemäus-Ausgabe von 1477 nach. Diese Ausgabe ist im Zusammenhang einer nicht katalogisierten großen Anzahl von Atlanten und Karten aufgeführt. Wie bereits erwähnt, fehlt auch im Katalog der Sobolevskij-Bibliothek jeder Hinweis auf die Ptolemäus-Inkunabel von 1486. Die Vermutung, dass beide Exlibris erst im Verlauf des 20. Jahrhunderts bis spätestens 1960 eingeklebt wurden, ist nicht von der Hand zu weisen.[259]

Des Rätsels Lösung ist in der jüngeren Geschichte der Familie Maltzan zu finden. Der Einlieferer von 1960 bezeichnete sich als Maltzan-Erbe und die Ptolemäus-Inkunabel mit den Globensegmenten war deutlich als Maltzan-Besitz kenntlich gemacht. Eine zentrale Rolle als Bindeglied zur Familie Maltzan spielte Richard Zinser. Er kaufte ab 1947 aus der geretteten Grafiksammlung der nach Westdeutschland geflohenen Familie die ersten Blätter an. Verkäuferin war die Schwiegertochter von Andreas Graf Maltzan, deren Ehemann 1940 gefallen war. Im Zuge der Kriegsereignisse 1944 war es ihr gelungen, den Grafikbestand[260] in drei Kisten verpackt zunächst in die Nähe von Naumburg und dann nach Oberfranken in Sicherheit zu bringen. Allererste Verkäufe erfolgten an einen Bamberger Antiquitätenhändler. Dann ergab sich noch 1947 in Oberfranken der Kontakt zu Richard Zinser, der sich 1948 in München bis in die Mitte der 1950er-Jahre fortsetzte. Die Verbindung brach um 1956 ab und wurde von Seiten der Familie nicht mehr gepflegt. Eine spätere Anfrage von Richard Zinser, Grafiken für eine Ausstellung in Amerika auszuleihen, wurde abschlägig beschieden. Dies entspricht der Einschätzung von Nicholas Stogdon: »He was able to acquire a large tranche oft he ancient Maltzan collection of engravings, rich in 15th-century material, when it was taken from the family's estate in Silesia in advance of the Russians, and prints from it started to enter US collections as early as 1948.«[261]

Der erste Auktionsverkauf eines Blattes der Maltzan-Sammlung, der sich bislang nachweisen lässt, fand möglicherweise in Bern bei Gutekunst & Klipstein im März 1954 statt. Das dort angebotene Blatt des Meisters ES ersteigerte Richard Zinser für die beachtliche Summe von 16 500 Schweizer Franken.[262] Der Einlieferer dieses Blattes könnte aus dem Umfeld der Familie

[259] Vgl. Ernst Förstemann, Die Gräflich Stolbergische Bibliothek zu Wernigerode, Nordhausen 1866, S. 15f. zur Inventarisierungstätigkeit des Grafen und S. 33f. zur Bibliothekssystematik. Weitere Hinweise Bayerische Staatsbibliothek, Abteilung Karten und Bilder, Registratur 1227.

[260] Vgl. dazu die 1986 von Maria Gräfin von Maltzan (1909–1997) veröffentlichten Memoiren. Sie berichtet hier über ihren letzten Besuch im Frühjahr 1944 in Militsch und wie sie ihre Schwägerin vergeblich aufgefordert habe, die Kunstschätze, darunter die ihrer Einschätzung nach größte Kupferstichsammlung Europas in privater Hand, in den Westen zu verlagern, vgl. Maria von Maltzan, Schlage die Trommel und fürchte dich nicht, Berlin 1986, S. 176–179.

[261] Hinweise von Mortimer Graf Maltzan an den Verfasser (Juli und Dezember 2018); vgl. Stogdon, A Descriptive Catalogue, S. 378.

[262] So die Darstellung bei URL: https://www.helmutrumbler.com/artworkdetail/798607/18571/master-e-s-active-in-the-upper-rhine [12.2.2019]. Die Angabe im Katalog Klipstein & Co. (Hg.), Graphiken und Handzeichnungen Alter Meister, Bern 1954, S. 34 Nr. 147, gibt aber keine Provenienz an. Die Beschreibung verweist im Gegenteil darauf, dass das hier vorliegende Blatt dem Druck in Militsch in keiner Weise nachstünde. 1955

Maltzan gekommen sein. Seit den 1960er-Jahren sind dann die Weiterverkäufe von Zinser an amerikanische Sammlungen dokumentiert.[263] Bei zwei Blättern mit dem Vorbesitzer Zinser ist auch die Sammlermarke Lugt 3024a angeführt.[264]

Die Spur der Vorlage von Lugt 3024a führt deshalb nicht – wie oben angedacht – zur Sammlung Frits Lugt, sondern in die Sammlung von Richard Zinser. 1998 erschien der von Nicholas Stogdon herausgegebene Auktionskatalog Nr. XI *Early northern engravings* mit einer ungewöhnlich großen Anzahl von Stichen mit Maltzan-Provenienz. Die Blätter sind entweder mit der Provenienz Graf Maltzan ausgewiesen oder aber mit Graf Joachim IV. von Maltzan mit dem Hinweis auf Lugt 3024a. Der hervorragend ausgestattete Katalog führt in letzterem Fall die genaue Buchstaben- und Zahlenkombination an. So firmiert das Los Nr. 17, eine Gregorsmesse von Israel von Meckenem, mit der Provenienz Joachim IV. von Maltzan, seinen Initialen I. IV. M. und dem Zusatz A. b. 417.[265] Dies entspricht exakt der im Nachtragsband von Lugt 1956 veröffentlichten Maltzan-Sammlermarke.

Obwohl im Katalog von 1998 nirgends ausgewiesen, scheint es sich bei den Blättern mit der Maltzan-Provenienz um Teile aus der Sammlung des 1984 verstorbenen Richard Zinser zu handeln, die von den Nachkommen 1998 zur Auktion gegeben wurden. Zumindest bei drei dort vermerkten Blättern, die sich heute im Rjiksmuseum Amsterdam[266] und im Germanischen

erfolgte bei Julius Boehler in München der Verkauf von kleinformatigen Gemälden (Johann Georg Platzer, Jahreszeiten-Zyklus, Öl auf Kupfer), die sich heute im Institute of Art in Minneapolis befinden, URL: http://www.schlesischesammlungen.eu/Kunstobjekte/Malerei/Platzer-Johann-Georg-Die-Jahreszeitenvergnuegen-Sommer [12.2.2019].

263 Hausbuchmeister, Frau mit zwei Kindern und leerem Schild, Boston, Museum of Fine Arts, Ankauf von Zinser 1966, URL: https://www.mfa.org/collections/object/woman-with-two-children-and-a-blank-shield-36724 [12.2.2019].

264 Meister des Hl. Bartholomäus, Hl. Bartholomäus, Provenienz aufgrund von Lugt 3024a Zuschreibung als Besitz von Graf Joachim IV. Maltzan, dann Richard Zinser, 2005 Ankauf nach Auktion durch die National Gallery of Art, Washington, URL: https://www.nga.gov/collection/art-object-page.131468.html [12.2.2019]. Meister E. S., Hl. Johannes der Täufer, 2005 Verkauf durch die Erben von Richard Zinser an die National Gallery of Art, Washington, [12.2.2019], URL: https://www.nga.gov/collection/art-object-page.142243.html. Israhel van Meckenhem, Gregorsmesse, aufgrund von Lugt 3024a Zuschreibung als Besitz von Graf Joachim IV. Maltzan, dann Richard Zinser, URL: http://cgboerner.com/artists/israhel-van-meckenem/ [12.2.2019].

265 Nicholas Stogdon, Early northern engravings, Catalogue XI, Middle Chinnock 1998, Nr. 17.

266 Zu den beiden Stichen des Rijksmuseums vgl. Jenny Reynaerts / Huigen Leeflang / Marijn Schapelhouman, Acquisitions. History and Print Room, in: The Rijksmuseum Bulletin 63 (2015) 2, S. 162–189, hier S. 176–179.

Nationalmuseum Nürnberg befinden, ist in den Zugangsakten Richard Zinser als Vorbesitzer aufgeführt.[267]

Mit Zinser als Verbindungsglied zur Familie Maltzan scheint nun auch klar, woher Frits Lugt seine Informationen zur Geschichte der Maltzan bezogen hat. Bis zur Veröffentlichung des Nachtragsbands 1956 unterhielt Richard Zinser durch seine Grafikankäufe noch eine enge Geschäftsbeziehung zur Familie Maltzan.

### Die Zusammenarbeit zwischen Richard Zinser und Arthur Drescher

Zu einem nicht bekannten Zeitpunkt, eventuell in den späten 1950er-Jahren, möglicherweise aber früher, restaurierte wahrscheinlich Arthur B. Drescher eine Grafik aus der Sammlung Maltzan, die Richard Zinser 1966 an das Museum of Fine Arts in Boston verkaufte.[268] Es handelte sich hier um einen besonderen Fall von »Schweidlern«, wobei bei dem Stich »Der bärtige Mann mit dem leeren Wappenschild« des sogenannten Meisters des Hausbuchs eine Reihe von Wurmlöchern, die sich innerhalb des Bildes befanden, mit Papier unsichtbar gemacht wurden. Da das Blatt bereits seit der Publikation von 1893 mit Wurmlöchern beschrieben war, wurden, um hier nicht in Widerspruch zu geraten, außerhalb des eigentlichen Bildes am Papierrand neue »Wurmlöcher« gefertigt.[269]

Eine weitere Zusammenarbeit von Richard Zinser mit der Familie Drescher findet sich in den 1950/60er-Jahren. Das ausführliche Dossier, das vom Cleveland Museum of Art[270] zu seinem großformatigen Stich von Antonio del Pollaiolos »Battaglia di dieci uomini nudi« veröffentlicht wurde, ermöglicht einige Einblicke in die restauratorische Praxis der 1960er-Jahre. Eine Unter-

[267] Stogdon, Early northern engravings, Nr. 33 und 34 (Amsterdam Rjiksmuseum, RP-P-2014-30 und RP-P-2014-31) und Nr. 42 (Germanisches Nationalmuseum K 25727). Der Hinweis, dass bei Stogdon durch die Erben Zinsers dessen private Sammlung versteigert wurde, bei URL: https://www.britishmuseum.org/research/search_the_collection_database/term_details.aspx?bioId=99 [12.2.2019].

[268] Schweidler, Restoration, ed. Perkinson, Appendix, S. 246–251, S. 247 Abbildung der Rückseite, die ohne Sammlervermerk ist. Aufgrund der Zusammenarbeit von Zinser mit Drescher dürfte dieser das Blatt zum »Schweidlern« erhalten haben. Unwahrscheinlich ist die Ausführung der Arbeit durch Curt Schweidler, der wie beschrieben in den 1950er-Jahren bereits an den Folgen eines Schlaganfalls litt. Max Schweidler, der seit 1950 an den schweren Folgen eines Verkehrsunfalls litt, taucht in der Korrespondenz von Zinser nicht auf.

[269] Lehrs, Der deutsche und niederländische Kupferstich, Nr. 17, 329.

[270] URL: http://www.clevelandart.org/exhibcef/battle/html/8453327.html [12.2.2019]. Das Dossier wurde anlässlich der Ausstellung »Battle of the Nudes: Pollaiuolo's Renaissance Masterpiece« 2002 von Moyna Stanton vom Cleveland Museum of Art zusammengestellt.

suchung des sehr gut erhaltenen Stückes bot Anlass, nach Spuren früherer Restaurierungen zu suchen. Es stammte aus der Sammlung des Fürsten Liechtenstein, wurde 1948 an Colnaghi's verkauft und kam 1967 über Richard Zinser in den Besitz des Museums in Cleveland.[271] Die hochprofessionell durchgeführten Restaurierungen, bei denen auch im Lichtdruckverfahren bedrucktes Papier verwendet wurde, ließen zunächst eine Arbeit eines der Brüder Schweidler vermuten. »Early in this research Gaehde[272] was asked about the Cleveland print and its remarkable restorations. Gaehde thought it very likely that one of the Schweidler brothers restored this print. She also revealed that the Schweidlers did work for Zinser (when Zinser was in Germany) and that they probably did work on prints from the Liechtenstein collection.«[273]

Die Anfertigungszeit konnte von den Fachleuten in Cleveland nur sehr allgemein mit der Zeit vor 1967 angegeben werden. [274] Der Tod von Max Schweidler 1953 und der Tod von Carl 1962 bzw. sein Schlaganfall Mitte der 1950er-Jahre schließen allerdings eine Beteiligung der Schweidler-Brüder aus. Möglicherweise kam für diese Technik auch ein anderer Restaurator in Frage. »This method was not used by Carl Schweidler according to the restorer of this piece, who … has been revealed to be Paul Drescher«[275], der Sohn von Arthur Drescher.

Mit Richard H. Zinser und Arthur B. Drescher sind also auch im Umfeld der Maltzan-Grafiken und ihrer Restaurierung die beiden Personen zu finden, die bereits beim Verkauf des Hauslab-Liechtenstein-Exemplars eine zentrale Rolle gespielt hatten.

[271] Die gesamte Provenienzgeschichte bei URL: http://www.clevelandart.org/exhibcef/battle/html/7290533.html [12.2.2019].

[272] Christa Gaehde (1922–2002) war eine Pionierin der modernen Papierrestaurierung in Amerika. Zu ihrer Biografie vgl. den Nachruf von Paul Lewis, Christa Gaehde, 79, Expert In Conservation of Artworks, New York Times, 10.4.2002, URL: https://www.nytimes.com/2002/04/10/arts/christa-gaehde-79-expert-in-conservation-of-artworks.html [14.2.2019]. Wahrscheinlich noch zur Zeit ihrer Tätigkeit an der Graphischen Sammlung der Staatsgalerie Dresden und vor ihrer Übersiedlung nach München 1946 datierte ihre Bekanntschaft mit Max Schweidler. 1949 übersiedelte sie in die USA. Vgl. Irene Brückle, Christa M. Gaehde, German Paper Conservator in the United States, in: PapierRestaurierung 3 (2002) Nr. 3, S. 3.

[273] URL: http://www.clevelandart.org/exhibcef/battle/html/7290533.html [12.2.2019].

[274] »The highly sophisticated and singular repair techniques uncovered by this investigation, combined with the general location of the print for a good portion of its modern life, indicate that the print could have been restored by one of the legendary Schweidler brothers, Max or Carl«, URL: http://www.clevelandart.org/exhibcef/battle/html/7290533.html [12.2.2019].

[275] McAusland, Rezension von Schweidler, Restoration, ed. Perkinson, S. 84.

## 4 DAS MOTIV DER FÄLSCHUNG

Das Motiv für die Fälschung der Maltzan-Provenienz der Ptolemäus-Inkunabel und insbesondere das gefälschte Globensegmentblatt dürfte in der mehrjährigen Auseinandersetzung von Hans P. Kraus mit Richard H. Zinser und Arthur B. Drescher um den Zustand des Hauslab-Liechtenstein-Blattes zu suchen sein. Der Verzicht von allen Parteien auf eine gerichtliche Klärung, der diesen Kampf nach außen hin beendete, hatte wahrscheinlich handfeste geschäftliche Interessen und bedeutete auf keinen Fall eine Versöhnung.

Die teilweise offen antisemitisch motivierten Angriffe Zinsers auf Hans P. Kraus, um diesen bei seinen Geschäftspartnern herabzusetzen, sind schon in den Anfängen der Korrespondenz mit Direktor Gustav Wilhelm im Februar 1950 zu finden. Zinser schrieb hier, dass es für seine Geschäfte die Verbindungen eines Herrn Kraus, »es handelt sich um die andere Konfession«, nicht bedürfe.[276] Auch im April 1950 bei den Verkaufsgesprächen Zinsers in New York erwartete er von seinen Kunsthändler-Konkurrenten zudringliche Rückfragen, »denn die Herrn der ander Konfession sind ja in solchen Dingen absolut unverfroren«.[277] Ende April, im Vorfeld der geplanten Auktion in New York, meinte Zinser, Direktor Wilhelm vor der Neugierde anderer Kunsthändler warnen zu müssen. »Immerhin haengen … diese Herrn der ander Confession dauernd zusammen und sie spionieren aus was nur auszuspionieren ist!«[278] Im selben Tenor schrieb Zinser Anfang Mai an Wilhelm, wenn Feilchenfeldt den Katalog zu Gesicht bekomme, dass er »dann natuerlich mit den Herren seiner Confession alles auspackt«, wenngleich er glaube, dass Kraus kaum so töricht sein werde, etwas gegen das Globensegmentblatt zu sagen.[279] Die Angst Zinsers, einer seiner Händlerkollegen könnte das Blatt vor der Restaurierung gesehen haben und dann innerhalb des Netzwerks der Händler und potenziellen Käufer die Tatsache einer doch deutlichen Restaurierung weitergeben, war groß, denn das hätte natürlich den Verkaufspreis gedrückt und damit auch seinen eigenen Gewinn verringert, ganz abgesehen vom Prestigeverlust.

[276] Wien, Hausarchiv Liechtenstein S 3349, 3.2.1950, Zinser an Wilhelm.

[277] Wien, Hausarchiv Liechtenstein S 3349, 9.4.1950, Zinser an Wilhelm.

[278] Wien, Hausarchiv Liechtenstein S 3349, 21.4.1950, Zinser an Wilhelm.

[279] Wien, Hausarchiv Liechtenstein S 3349, 1.5.1950, Zinser an Wilhelm. Auch über Feilchenfeldt urteilte Zinser Anfang Mai aus New York in einem Schreiben an Wilhelm, »der schwaetzt hier mit den Herrn der Andern Konfession das bloedeste Zeug herum«, Wien, Hausarchiv Liechtenstein S 3349, 7.5.1950. Zinser war auch durchaus stolz, in New York in Clubs zu verkehren, »wo die Herrn der ander Confession keinen Zutritt haben«, Wien, Hausarchiv Liechtenstein S 3349, 9.5.1950, Zinser an Wilhelm.

Zinser betonte immer wieder seine Rolle als Alleinhandelnder, der, im Gegensatz etwa zu Feilchenfeldt und Kraus, das Risiko allein trage. Bei ihm gäbe es keine Vertreter, »die diese Herrn der andern Confession ueber die Lande verstreut unterhalten, nur damit immer noch mehr Vertreter ihre Finger in diesen Geschäften waschen koennen«. Bei dieser Einstellung bleibe er, »so gerne mich die Herrn des Handels in ihre Mitte aufgenommen haben wollten«.[280]

Im November 1950 äußerte sich Zinser ausführlich zu seinem Umgang mit seinen Kunsthändlerkollegen. »Allgemein ist zu sagen, dass diese ganzen Herrn meiner hiesigen Kollegen (meist nicht arischen Ursprungs!) sich immerzu beklagen, dass Herr Z. so wenig kollegial sei!! Weil ich mich niemals diesen Herrn – mit denen ich mich durchaus gut stehe und mir nichts verderbe – so zu sagen ausliefere … Dieser ganze Judenschmuss der sich um solche Objekte leider immer verbreitet, wo einer dem andern Draht ziehen hilft, lehne ich ab weil ich misstraue und diese ganze Haltung mir widerlich ist.«[281] Er gestehe ihnen aber Qualität und geschäftliche Umsicht zu und habe viel von ihnen gelernt – immerhin.

Zusammenfassend ergibt sich also folgendes Bild: Die Attacken von Kraus, vorgeblich gegen die Arbeitsweise von Drescher gerichtet, zielten vor allem auf ein angeblich unlauteres Geschäftsgebaren Zinsers. Der Restaurator Drescher wiederum, von beiden Seiten mit Aufträgen versorgt, musste sich gegenüber Kraus für eine restauratorische Meisterleistung rechtfertigen. Der gegenseitige Verzicht auf juristische Mittel brachte vielleicht eine nominelle Entspannung, aus der Welt war die Angelegenheit aber nicht.

Bei Drescher könnte sich am meisten Frust angesammelt haben, der dazu führte, sich auf subtile und für einen erstklassigen Restaurator angemessene Weise zu rächen. Der handwerkliche Part, also die Anfertigung der Fälschungen, die Provenienz-Aufhübschung der Ptolemäus-Inkunabel und das Einbinden des Blattes, dürfte von Drescher geleistet worden sein. Die Maltzan-Spur könnte hingegen eine Idee von Richard Zinser gewesen sein, der bis Mitte der 1950er-Jahre als einziger engen Kontakt mit den nun in Westdeutschland lebenden Nachkommen von Graf Andreas von Maltzan hatte.

[280] Wien, Hausarchiv Liechtenstein S 3349, 9.5.1950, Zinser an Wilhelm.

[281] Wien, Hausarchiv Liechtenstein S 3349, 2.12.1950, Zinser an Wilhelm. Im Januar 1954 sprach Zinser von der »jüdische(n) Hast« des »glatten Aals« Kraus, Wien, Hausarchiv Liechtenstein S 3349, 26.1.1954, Zinser an Wilhelm.

# 5 DIE ANFERTIGUNG DER FÄLSCHUNG

Der Plan, Hans P. Kraus doch noch zu einem, wenn auch gefälschten Blatt mit Globensegmenten zu »verhelfen«, wurde in den Jahren nach 1956 umgesetzt. Erst zu diesem Zeitpunkt war der Ergänzungsband von Lugt mit dem oben beschriebenen zweizeiligen Maltzan-Besitzvermerk erschienen. Spätestens mit dem Einbinden des gefälschten Blattes in die Inkunabel, mit der Provenienzverfälschung und mit der Einlieferung des »Werks« zur Versteigerung bei Sotheby's war die Grenze von einem Restauratorenscherz zur kriminellen Handlung deutlich überschritten.

Mit aller gebotenen Vorsicht kann man die einzelnen Etappen der Fälschung skizzieren. Den Anfang bildete bereits die Anfertigung der beiden Globensegmentblätter, die um die Mitte der 1950er-Jahre stattgefunden haben könnte. Der notwendige technische Aufwand, unter Verwendung einer Fotografie als Vorlage zwei Drucke auf Papier der Zeit zu fabrizieren, erscheint für eine bloße Restauratoren-Fingerübung zu groß. Nachdem sich bei der materialwissenschaftlichen Untersuchung des in das Kraus-BSB-Exemplar eingebundenen Blattes durch die Bayerische Staatsbibliothek eine eindeutige Ähnlichkeit mit einer Lugt 3024a-Marke und damit eine vorgebliche Maltzan-Provenienz ergeben hat, liegt die Vermutung nahe, dass das Blatt zunächst als Einzelstück in den Handel hätte kommen sollen. Da aber bereits zwischen 1950 und 1954 das Hauslab-Liechtenstein-Exemplar im Kunsthandel verfügbar war, hätte ein identischer Abzug, der kurze Zeit darauf aus dem Nichts aufgetaucht wäre, möglicherweise Verdacht erregt. Damit wird erklärlich, warum ein solcher Aufwand betrieben wurde, um dem Blatt eine überzeugende Provenienz zu verschaffen.

Warum wurde nun diese, nur in Kunsthändlerkreisen bekannte, Familie als weiterer Vorbesitzer für das spätere Kraus-BSB-Exemplar erfunden? In der Auktionsbeschreibung von 1960 ist als Provenienz und Einlieferer »The Property of the late Count Andreas von Maltzan of Militsch, Silesia, sold by order of the heir« angegeben. Dies ist eine Angabe, die exakt der Provenienz einer Grafik aus dem Maltzan-Besitz entspricht, wie sie Richard Zinser mehrfach angekauft hatte. Bei der Anfertigung des Maltzan-Provenienzvermerks in der Inkunabel, bei den Formulierungen in der Auktionsbeschreibung und bei der Konstruktion des vermeintlichen Maltzan-Einlieferers könnten deshalb die Kenntnisse Zinsers der Maltzan-Familiengeschichte eingeflossen sein.[282]

Die Verkäufe aus dieser Sammlung durch Richard Zinser erfolgten in Anlehnung an die Kataloge von Lehrs mit der Provenienz »Sammlung Maltzan, Schloss Militsch«. Die Einlieferung

[282] 1950 schrieb Fritz Neugass in einem Beitrag »Fälschungen auf dem amerikanischen Kunstmarkt«, dass bei Fälschungen häufig die Sammlung eines fiktiven Adelshauses genannt werde, was dem Käufer größeres Vertrauen einflößen solle, Weltkunst 20 (1950) Nr. 16, S. 2–3.

einer Inkunabel mit diesem Herkunftsnachweis war deshalb nichts Außergewöhnliches. Durch die Übersiedlung der Familie in den Westen konnten eventuelle Fragen nach den Umständen des Erwerbs durch die Maltzans mit den ungeklärten Besitzverhältnissen im Osten abgewehrt werden. Nachdem Zinsers Kontakt zur Familie Maltzan seit der Mitte der 1950er-Jahre stark abgekühlt war, bedeutete die Verwendung der Maltzan-Provenienz für Zinser kein allzu großes Risiko, da ja geschäftliche Beziehungen zu dieser Zeit nicht mehr bestanden.

Woher nun die Ptolemäus-Inkunabel stammte und wie sie in die Hand der Fälscher gelangt war, ist nach derzeitigem Kenntnisstand nicht zu sagen. Die Platzierung der beiden Exlibris auf dem Innentitel, chronologisch richtig mit Stolberg zentral in der Mitte und Sobolevskij darüber, könnte auf den ersten Blick eine Herkunft aus diesen beiden Sammlungen belegen. Ob sich allerdings diese Exlibris jemals in der Inkunabel befunden haben, muss nach dem Gutachten der Bayerischen Staatsbibliothek mehr als bezweifelt werden.

Eine weitere Schwierigkeit für die Fälscher ergab sich aus dem Umstand, dass kein Maltzan-Exlibris existierte. So wird jedoch die Kombination aus den beiden Exlibris und der nachgemalten Grafik-Sammlermarke verständlich. Die beiden gedruckten Exlibris boten zwar einen Nachweis vom frühen 18. Jahrhundert bis 1870. Dies war allerdings zu wenig, denn der Einlieferer von 1960 hätte dann den Verbleib seit dem Verkauf der Sobolevskij-Bibliothek 1873 plausibel erklären müssen. Die Maltzan-Provenienz war also unbedingt erforderlich. Sie schuf einen respektablen Einlieferer und schloss dazu eine empfindliche zeitliche Lücke.

Die »Konfektionierung« der Inkunabel erfolgte wie beschrieben nach 1956, als der von Frits Lugt zusammengestellte Nachtragsband der Sammlermarken vorlag. Dies umfasste die Manipulation des ersten Blattes der Inkunabel und das Einbinden des Globensegmentblatts. Denkbar ist, dass die Ptolemäus-Inkunabel ganz gezielt als »Behausung« für die Globensegmente ausgewählt worden war. In der 1907 erschienenen englischen Edition der großen Wolfegger Karte von Waldseemüller verwiesen die Bearbeiter ausdrücklich auf Ptolemäus als Hauptquelle Waldseemüllers. »The principal basis of Waldseemuller's large mappemonde were no doubt the maps of Claudius Ptolemy, which Waldseemuller knew from the Ptolemy edition published at Ulm in 1486«.[283] Dieser Ausgabe von Fischer und Wieser war auch eine verkleinerte Abbildung der Hauslab-Liechtenstein-Karte beigegeben und Richard Zinser studierte 1950 in der Vorbereitung des Verkaufs ausführlich dieses Werk.[284] Ist es deshalb nur ein Zufall, dass das gefälschte Blatt der Globensegmente ausgerechnet in eine Ptolemäus-Ausgabe von 1486 eingebunden wurde?

283 Fischer/Wieser, The Cosmographiae Introductio of Martin Waldseemüller, S. 19. So auch dies., Die älteste Karte mit dem Namen Amerika aus dem Jahre 1507, S. 24f.

284 Wien, Hausarchiv Liechtenstein S 3349, 3.2.1950, Zinser an Wilhelm.

Verkäufe dieser Ptolemäus-Ausgabe von 1486 sind immer wieder nachzuweisen. So wurde Mitte Dezember 1948 bei Weinmüller in München eine kolorierte Ausgabe angeboten, die allerdings wieder zurückgezogen wurde. Bei Parke-Bernet wurde Anfang 1949 eine Ulmer Ptolemäus-Ausgabe für 2400 Dollar versteigert und im selben Jahr wurde eine weitere Ausgabe von 1486 verkauft.[285] Die Inkunabel selbst ist in ihrer Ausgabe von 1486 derzeit mit über 140 Exemplaren, die sich auf 113 besitzende Einrichtungen verteilen, nachgewiesen.[286]

Der zweite Abzug der Globensegmente, der angefertigt worden war, scheint nicht für eine weitere Verwendung vorgesehen gewesen zu sein. Eines aber muss man festhalten: Die Einlieferer von 2017 waren sich sicher der dahinterliegenden Geschichte nicht bewusst.

## 6 WAS STEHT FEST?

Aus dem hier Zusammengestellten zum Verkauf des Hauslab-Liechtenstein-Exemplars zwischen 1950 und 1954 und den Vorgängen rund um die Versteigerung des Kraus-BSB-Exemplars bis 1960 und damit auch zum Christie's2017-Exemplar lässt sich eine Reihe von Fakten belegen.

Richard H. Zinser wurde 1950 vom Fürstentum Liechtenstein mit dem Verkauf des Hauslab-Liechtenstein-Exemplars beauftragt.

Arthur B. Drescher restaurierte im März 1950 das Hauslab-Liechtenstein-Exemplar.

Hans P. Kraus war seit 1950 am Erwerb des Hauslab-Liechtenstein-Exemplars interessiert.

Zwischen Drescher, Zinser und Kraus spitzte sich ab 1952 eine Auseinandersetzung um die

[285] Weltkunst 19 (1949) Heft 1, S. 11, und Heft 2, S. 11 und Henry Stevens (Hg.), Sixth General Index to Book-Auction Records for the years 1948–1958, London 1962, S. 1144. 1928 wurde bei Maggs Bros in London eine kolorierte Ptolemäus-Ausgabe für 650 Pfund angeboten, Maggs Bros (Hg.), A selection of books, manuscripts, engravings and autograph letters remarkable for their interest & rarity; being the five hundredth catalogue, London 1928, S. 246–247, Nr. 152.

[286] Claudius Ptolemäus, Cosmographia, Ulm 1486, in: Incunabula Short Title Catalogue, URL: https://data.cerl.org/istc/ip01085000?style=expanded [12.2.2019] und in: Datenbank Gesamtkatalog der Wiegendrucke, M36374, [URL: https://www.gesamtkatalogderwiegendrucke.de/ 12.2.2019], hier mit 143 Exemplaren aufgeführt.

restauratorische Behandlung des Hauslab-Liechtenstein-Exemplars zu, die mit Hilfe von Anwälten und Gerichten geführt wurde.

Hans P. Kraus erwarb 1960 ein neu aufgetauchtes Exemplar der Globensegmente, das in eine Ptolemäus-Inkunabel eingebunden ist.

Die Provenienz der Ptolemäus-Inkunabel ist, was ihre Herkunft aus der Familie Maltzan betrifft, gefälscht.

Die Fälschung der Provenienz der Ptolemäus-Inkunabel erfolgte zwischen 1956 und 1960.

Eine Beteiligung der Brüder Schweidler an der Fälschung ist aufgrund ihrer biografischen Daten nicht möglich.

Richard Zinser war der Hauptabnehmer der Grafiken, die nach dem Zweiten Weltkrieg aus dem Maltzan-Besitz auf den Markt kamen.

2017 wurde ein weiteres Blatt der Globensegmente, das aus der Sammlung von Arthur B. Drescher stammt, zur Versteigerung eingeliefert.

Seit 2017 ist bekannt, dass das von Hans P. Kraus 1960 erworbene Blatt und das 2017 eingelieferte Blatt identisch sind und als Vorlage das restaurierte Hauslab-Liechtenstein-Exemplar haben. Es kann sich somit nur um Fälschungen handeln.

Ungeklärt ist die Identität des Einlieferers des Kraus-BSB-Exemplars zur Versteigerung im Mai 1960 bei Sotheby's in London.

# ANHANG

## THE HISTORY OF A FORGERY
## The Bavarian State Library's Waldseemüller globe gores

In 1507, cartographer Martin Waldseemüller and philologist-cosmographer Matthias Ringmann published a geography in which the newly found continent discovered for the first time in 1492 was named »America«, after its alleged explorer Amerigo Vespucci. As an illustration, Waldseemüller produced on the one hand a large-format map and on the other hand a considerably smaller globe gores print which one could cut out and affix on a globe. On both prints, the new continent was labelled »America«.

Until the 1950s, there was only one known copy of Martin Waldseemüller's globe gores. This copy was in possession of the Princes of Liechtenstein who had acquired a comprehensive collection of maps along with the sheet of the globe gores in 1883 from Austrian military officer Franz Ritter von Hauslab (1798–1883). After the end of the Second World War, the Principality of Liechtenstein sold parts of its distinguished art collection, including the map collection by Hauslab. In 1949, Hauslab's maps were offered to antiques dealer Hans P. Kraus (1907–1988).

However, the most significant sheet, the globe gores, was deliberately withheld from Kraus. Liechtenstein assigned art dealer Richard H. Zinser (1884–1984) to sell the globe gores. The circumstances of the sale of the Hauslab-Liechsteinstein copy between 1950 and 1954 are well documented by records in the Princely House Archive of Liechtenstein in Vienna. Zinser handed the sheet over to Arthur Bruno Drescher (1895–1986) in London to have it restored. A first attempt to auction it off in New York in May 1950 fell through due to an overly expensive minimum bidding price of $50 000.

In spring of 1952, Kraus voiced his strong criticism to the Principality of Liechtenstein regarding Drescher's restoration measures and thus Drescher himself. For two years, Zinser and Drescher were legally trying to have Kraus revoke his allegations and eventually they were successful. Simultaneously, Kraus again and again made offers to Liechtenstein to buy the map at a reduced rate. Yet Zinser sold the map for $45 000 to the University of Minnesota in spring of 1954.

Then, in 1960, Kraus acquired a different copy of the globe gores, bound into an incunable of a work by Ptolemy from 1486. The vendor declared that he was an heir to the noble family of Maltzan from Lower Silesia. The book remained in Kraus' private property. In 1990, the Bavarian State Library bought the incunable including the Waldseemüller sheet of globe gores from Kraus' widow.

Subsequently, two additional copies of Waldseemüller's globe gores became known: 1993 in the City Library Offenburg and 2005 in private ownership. When a newly discovered globe gores sheet coming from the Drescher estate was supposed to be auctioned at Christie's London in

December 2017, a comparison with the University of Minnesota's Hauslab-Liechtenstein copy revealed the find from 2017 to be a forgery. This new find furthermore showed a strong correspondence to the Kraus copy in the Bavarian State Library with regard to its suspicious characteristics. The Bavarian State Library's examination of the Kraus copy confirmed the suspicion of forgery.

The provenance of the Ptolemy incunable coming from the Stolberg-Wernigerode, Sobolevskij and Maltzan libraries and therefore the origin of the globe gores sheet that was bound into the volume was considered ironclad up to that point. By comparing the information in the auction catalogue from 1960 with the works cited there, it turns out now that the incunable's Maltzan provenance is forged in its entirety. The so-called Maltzan owner's mark found in the incunable is almost identical with the mark Lugt 3024a. This mark designates the Maltzan provenance of graphics. This owner's mark was published for the first time in 1956.

When the Maltzan family escaped at the end of 1944, the library remained in Militsch and today is part of the University of Poznan Library. The Maltzan family was only able to save the graphics collection and to bring it to Upper Franconia first and later to Munich. From about 1947, the Maltzan family was in touch with Richard Zinser who had been buying parts of the graphics collection for years. Arthur Drescher and his son performed restorations on the fine art prints before they were sold to US-American museums. Still in 1998, the graphic sheet that included the template for Lugt 3024a was in possession of Zinser's heirs. The owner's mark Lugt 3024a exlusively appears on the back side of graphic sheets originally in the possession of the Maltzan family.

The Ptolemy incunable was purposefully given a fake Maltzan provenance. Investigations by the Bavarian State Library's Institute for Conservation and Restoration have shown that the flyleaf featuring the two exlibris Stolberg-Wernigerode and Sobolevskij was newly bound into the volume in the 20$^{th}$ century. For this reason, these two earlier provenances can no longer be utilized for age determination. Besides, they exhibit varying states of preservation.

As a result, the manufacture of the sheet of globe gores (Kraus-Bavarian State Library and Christie's 2017) took place between 1956 and 1960.

Its motive was a subtle revenge on Hans P. Kraus for Kraus' allegations against Arthur B. Drescher and Richard H. Zinser.

It remains unknown which people were involved in the forgery.

# LITERATURVERZEICHNIS

Antilia and America. A description of the 1424 Nautical Chart and the Waldseemüller Globe Map of 1507 in the James Ford Bell Collection at the University of Minnesota, St. Paul, Minnesota 1955

Asche, Susanne (Hg.): Neue Welt & altes Wissen. Wie Amerika zu seinem Namen kam. Eine Ausstellung mit Kostbarkeiten der Historischen Bibliothek Offenburg, Offenburg 2006

Bagrow, Leo: Die Geschichte der Kartographie: mit 228 Wiedergaben von Karten auf 8 Farbtafeln, 112 Kunstdrucktafeln und im Text 1435 Namen und Daten von Kartographen, Berlin 1951

Banks, Paul (Hg.): The making of Peter Grimes. Essays and studies, Woodbridge 2000

Blanding, Michael: Why Experts Don't Believe This Is a Rare First Map of America, in: The New York Times, 10.12.2017, URL: https://www.nytimes.com/2017/12/10/arts/design/why-experts-dont-believe-this-is-a-rare-first-map-of-america.html [12.2.2019]

Brückle, Irene: Der notwendige Blick zurück: Max Schweidler. Rezension von: Perkinson, Roy (Hg.): Max Schweidler, The Restauration of Engravings, Drawings, Books, and Other Works on Paper, Los Angeles 2006, in: PapierRestaurierung 8 (2007) Nr. 3, S. 9–13

Dies. / Gaehde, Christa M.: German Paper Conservator in the United States, in: PapierRestaurierung 3 (2002) Nr. 3, S. 5

C. G. Boerner (Hg.): Von Israhel van Meckenem bis Albrecht Dürer: Deutsche Graphik 1470–1530; aus Sammlung Graf Maltzan; Einladung zur Ausstellung … vom 2. bis 20. Februar 1983. Neue Lagerliste 78, Düsseldorf 1983

Campell, Tony: Alex Clausen and the Fake Waldseemüller Globe Gores, in: The map Room, 18.1.2018, URL:
https://www.maproomblog.com/2018/01/alex-clausen-and-the-fake-waldseemuller-globe-gores/ [12.2.2019]

Catalogue de la collection précieuse de livres anciens et modernes formant la bibliothèque de feu M. Serge Sobolewski (de Moscou): dont la vente se fera le lundi 14 juillet 1873 & jours suivants à Leipzig, dans la salle de vente de MM. List & Francke …, Leipzig und London 1873, URL: http://opacplus.bsb-muenchen.de/title/BV020152399/ft/bsb11157876?page=1 [12.2.2019]

Christie's (Hg.): Cartography including the Waldseemüller gores. London: Christie's, 8.6.2005, Nr. 17, S. 22–31 (online, URL: http://www.christies.com/lotfinder/Lot/martin-waldseemuller-c1470-c1522-world-map-4516015-details.aspx [12.2.2019])

Ders. (Hg.): Valuable Books and Manuscripts (Auction Wednesday 13 December 2017), London 2017

Compte-Rendu du Congrès des Sciences géographiques, cosmographiques et commerciales ténu à Anvers du 14 au 22 Août 1871, 2 Bde., Anvers 1872

Dörflinger, Johannes: Hauslab, Franz von, in: Lexikon zur Geschichte der Kartographie von den Anfängen bis zum Ersten Weltkrieg, Bd. 1, Wien 1986, S. 289

Fehlmann, Marc: Eberhard W. Kornfeld und der Kunsthandel in Bern, in: Bernische Zeitschrift für Geschichte 3 (2011), S. 3–43

Feilchenfeldt, Marianne: 25 Jahre Feilchenfeldt in Zürich 1948–1973, Zürich 1973

Feilchenfeldt Breslauer, Marianne: Bilder meines Lebens. Erinnerungen, Wädenswil 2009

Fischer, Ernst: Verleger, Buchhändler und Antiquare aus Deutschland und Österreich in der Emigration nach 1933. Ein biographisches Handbuch, Elbingen 2011

Fischer, Joseph / Wieser, Franz von: Die älteste Karte mit dem Namen Amerika aus dem Jahre 1507 und die Carta marina aus dem Jahre 1516 des M. Waldseemüller (Ilacomilus): The oldest map with the name America of the year 1507 and the Carta marina of the year 1516 by M. Waldseemüller (Ilacomilus), Innsbruck 1903, URL: http://posner.library.cmu.edu/Posner/books/pages.cgi?call=912_W16A_1903&layout=vol0/part0/copy0&res=low&file=0026 [12.2.2019]

Ders. / Wieser, Franz von: The cosmographiae introductio of Martin Waldseemüller in Facsimile. Followed by the four voyages of Amerigo Vespucci, with their Translation into English; to which are added Waldseemüller's Two World Maps of 1507, New York 1907

Fischer-Bossert, Wolfgang: The Athenian Decadrachm (Numismatic Notes and Monographs 168), New York 2008

Fischer-Defoy, Christine: Die Galerie Nierendorf mit zeitgenössischer Kunst im New Yorker Exil, in: dies. (Hg.), Gute Geschäfte. Kunsthandel in Berlin 1933 – 1945, Berlin 2011, S. 81–86

Förstemann, Ernst: Die Gräflich Stolbergische Bibliothek zu Wernigerode, Nordhausen 1866

Forbiger, Albert: Kurzer Abriss der alten Geographie als Leitfaden beim Unterrichte auf Gymnasien bearbeitet, Leipzig 1850

Fuhrmeister, Christian / Kienlechner, Susanne: Tatort Nizza: Kunstgeschichte zwischen Kunsthandel, Kunstraub und Verfolgung. Zur Vita von August Liebmann Mayer, mit einem Exkurs zu Bernhard Degenhart und Bemerkungen zu Erhard Göpel und Bruno Lohse, in: Peters, Olaf / Heftrig, Ruth / Schellewald, Barbara (Hg.): Kunstgeschichte im »Dritten Reich«. Theorien, Methoden, Praktiken, Berlin 2008, S. 405–429

Fueß, Albrecht: Die deutsche Gemeinde in Ägypten von 1919–1939 (Hamburger Islamwissenschaftliche und Turkologische Arbeiten und Texte 8), Hamburg 1996

Gallois, Lucien: Les géographes allemands de la Renaissance, Paris 1890

Göpel, Barbara / Göpel, Erhard (Hg.): Leben und Meinungen des Malers Hans Purrmann. An Hand seiner Erzählungen, Schriften und Briefe zusammengestellt, Wiesbaden 1961

Göpel, Erhard: Besprechung einer Auktion bei Klipstein & Kornfeld in Bern im Juni 1959, in: Weltkunst 29 (1959) Nr. 13, S. 19f.

Ders.: Ein Kupferstichrestaurator. Erinnerungen an Carl Schweidler, in: Frankfurter Allgemeine Zeitung, 7.2.1962, S. 24

Ders.: Nur ein Handwerker? Zum Tod des Kupferstichrestaurators Carl Schweidler, in: Weltkunst 32 (1962) Heft 4, S. 7–8

Ders.: Hans Purrmann in Montagnola, in: Das Werk: Architektur und Kunst 50 (1963), S. 338–340

Graf, Klaus: Bayerische Staatsbibliothek bestätigt eigene »Waldseemüller«-Globensegmente als Fälschung, in: Archivalia, 15.2.2018, URL: https://archivalia.hypotheses.org/70487 [12.2.2019]

Griffiths, Antony: The archeology of the print, in: Baker, Christopher (Hg.): Collecting prints and drawings in Europe, c. 1500–1750, Burlington 2003, S. 9–28

Haradauer Edler von Heldendauer, Carl: Die Feldzeugmeister Ritter von Hauslab'sche Kartensammlung, in: Mitteilungen der Geographischen Gesellschaft in Wien 29 (1886), S. 374–395, S. 433–454

Hauslab, Franz Ritter von: Indexeintrag: Deutsche Biographie, https://www.deutsche-biographie.de/pnd116539860.html [18.3.2019]

Hessler, John W. / Van Duzer, Chet: Seeing the World Anew: The Radical Vision of Martin Waldseemüller's 1507 & 1516 World Maps, Delray Beach, Fla. 2012

Hettler, Max: Nachruf für Max Schweidler, in: Allgemeiner Anzeiger für Buchbindereien 66 (1953) Nr. 12, S. 416–417

Hupfer, Georg: Zur Geschichte des antiquarischen Buchhandels in Wien, Wien 2003

In Memoriam Hans Peter Kraus (1907–1988). Homage to a bookman; memorial service held on 29 November 1988 at the Pierpont Morgan Library, New York 1989

Institut für Zeitgeschichte (Hg.): Biographisches Handbuch der deutschsprachigen Emigration nach 1933, Bd. 1, München 1980

Kaltwasser, Franz Georg: Der Erwerb der Globensegmente Waldseemüllers von 1507 durch die Bayerische Staatsbibliothek. Der Anlaß zur Ausstellung »America«, in: Kulturstiftung der Länder / Bayerische Staatsbibliothek (Hg.), America. Das frühe Bild der Neuen Welt (Bayerische Staatsbibliothek Ausstellungskataloge 58), München 1992, S. 7–9

Kinauer, Rudolf: Fünf Jahre Globensammlung der Österreichischen Nationalbibliothek, in: Der Globusfreund 8 (1959), S. 29–40

Klipstein & Co. (Hg.): Graphiken und Handzeichnungen Alter Meister, Bern 1954

Knodt, Robert (Hg.): Verfahren der Fotografie: Bilder der Fotografischen Sammlung im Museum Folkwang Essen, 7. Mai bis 16. Juli 1989, Essen 1989

Kornfeld, Eberhard W.: Kunstwerke. 1864–1977. 112,5 Jahre seit der Gründung des Hauses H. G. Gutekunst. H. G. u. Richard Gutekunst, Stuttgart / London, 1864–1919, Gutekunst u. Klipstein, Bern, 1919–1951, Kornfeld u. Klipstein, Bern, seit 1951. 112.5 Kunstwerke von 1440 bis zur Gegenwart, Bern 1977

Koschatzky, Walter: Faszination Kunst. Erinnerungen eines Kunsthistorikers, Wien / Köln / Weimar 2001

Kräftner, Johann (Hg.): Gustav Wilhelm. Der Weg der Liechtenstein-Galerie von Wien nach Vaduz, München 2005

Ders. (Hg.): Der Fürst als Sammler. Neuerwerbungen unter Hans-Adam II. von und zu Liechtenstein; Liechtenstein Museum Wien [… anlässlich der Ausstellung »Der Fürst als Sammler. Neuerwerbungen unter Hans-Adam II. von und zu Liechtenstein« im Liechtenstein Museum von 12. Februar bis 24. August 2010], Wien 2010

Kraus, Hans P. (Hg.): Choice Manuscripts, Books, Maps and Globes important for the History of European Civilization and the Discovery of America (Kraus Catalogue Nr. 56), New York 1951

Ders. (Hg.): Source materials for the study of European history and culture from the Prince Liechtenstein Library. Military science and costume (Kraus Catalogue Nr. 64), New York [1953]

Ders. (Hg.): A Myrrour of four Centuries. The Growth of Western Civilisation reflected in Illustrated Books from the 15th to the 18th century originating for the most part from the Prince Liechtenstein Library (Kraus Catalogue Nr. 66), New York 1954

Ders. (Hg.): Globes and globe-gores. The H. P. Kraus Private Collection, Ridgefield 1969, S. 3, Nr. 1, als Supplement zu Hans P. Kraus (Hg.), Monumenta cartographica (Kraus Catalogue Nr. 124), New York 1970

Ders.: Die Saga von den kostbaren Büchern, Zürich 1982 (Originalausgabe: A rare book saga. The autobiography of H. P. Kraus, New York 1978)

Ders. (Hg.): Americana Vetustissima: Fifty Books, Manuscripts, & Maps Relating to America from the First Fifty Years after its Discovery (1493–1542). Catalogue 185, New York 1990

Kulturstiftung der Länder / Bayerische Staatsbibliothek (Hg.): America. Das frühe Bild der Neuen Welt (Bayerische Staatsbibliothek Ausstellungskataloge 58), München 1992

Kuttner, Sven: Die Globussegmentkarte Martin Waldseemüllers in der Universitätsbibliothek der Ludwig-Maximilians-Universität München, in: Bibliotheksforum Bayern 7 (2013), S. 112–115

Lagarde, Lucie: Gallois, Lucien, in: Lexikon zur Geschichte der Kartographie von den Anfängen bis zum Ersten Weltkrieg, Bd. 1, Wien 1986, S. 245

Laz, Lauren / Masson, Olivier / Ritter, Michaele: Durer's Adam and Eve and a Possible ›Schweidlerization‹, in: Print Quarterly XXXI (2014), S. 259–269

Lehmann, Martin: Die Cosmographiae Introductio Matthias Ringmanns und die Weltkarte Martin Waldseemüllers aus dem Jahre 1507. Ein Meilenstein frühneuzeitlicher Kartographie, München 2010

Ders. (Hg.): Der Globus Mundi Martin Waldseemüllers aus dem Jahre 1509. Text – Übersetzung – Kommentar, Freiburg i. Br. 2016

Lehrs, Max: Der deutsche und niederländische Kupferstich des fünfzehnten Jahrhunderts in den kleineren Sammlungen, in: Repertorium für Kunstwissenschaft 16 (1893), S. 309–343

Ders.: Geschichte und kritischer Katalog des deutschen, niederländischen und französischen Kupferstichs des XV. Jahrhunderts, 9 Bde., Wien 1908–1934

Levitan, Corey: The map man of La Jolla, in : La Jolla Light, 9. Januar 2018, URL: http://enewspaper.lajollalight.com/html5/desktop/production/default.aspx?pubid=ccfa8a4e-30d9-4f6c-a77a-e822b4e06827&edid=31b7933b-a311-4f10-ad6b-91e7423060c2&pnum=40 [25.2.2019]

Lewis, Paul: Christa Gaehde, 79, Expert In Conservation of Artworks, New York Times, 10.4.2002, URL: https://www.nytimes.com/2002/04/10/arts/christa-gaehde-79-expert-in-conservation-of-artworks.html [14.2.2019]

Lugt, Frits: Les Marques de collections de Dessins & d'Estampes …: avec des notices historiques sur les collectionneurs, les collections, les ventes, les marchands et éditeurs …, Amsterdam 1921

Ders.: Les Marques de Collections de Dessins & d'Estampes: marques estampillées et écrites de collections particulières et publiques, marques de marchands, de monteurs et d'imprimeurs, cachets de vente d'artistes décédés, marques de graveurs apposées après le tirage des planches, timbres d'édition etc.; avec des notices historiques sur les collectionneurs, les collections, des ventes, des marchands et éditeurs, etc.; Supplement, Amsterdam 1956

Maggs Bros (Hg.): A selection of books, manuscripts, engravings and autograph letters remarkable for their interest & rarity; being the five hundredth catalogue, London 1928

Maltzan, Maria von: Schlage die Trommel und fürchte dich nicht, Berlin 1986

Mayer, Erich: Bromöldruck und -umdruck (Enzyklopädie der Photographie und Kinematographie 81), Halle 1927

McAusland, Jane: Some memoirs of a conservator in private practice: Change, continuity, and consolidation, in: The Paper Conservator 25 (2001), S. 85–92

Dies.: A Brief Personal History of a Conservator of Art on Paper in the United Kingdom: 1959–2003, in: The Book and Paper Group Annual 22 (2003), S. 41–47

Dies.: Rezension von: The Restoration of Engravings, Drawings, Books and Other Works on Paper by Max Schweidler; translated from German and edited by R. Perkinson, Los Angeles, 2006, in: Journal of the American Institute for Conservation 46 (2007) Nr. 1, S. 82–85

Mentzel, Walter: Die »Antiquariats- und Exportbuchhandlung Alfred Wolf« – ehemals Hans Peter Kraus und Leo Weiser. Die Geschichte eines Raubunternehmens, in: Dehnel, Regine (Hg.): NS-Raubgut in Museen, Bibliotheken und Archiven. Viertes Hannoversches Symposium (Zeitschrift für Bibliothekswesen und Bibliographie, Sonderband 108), Frankfurt am Main 2012, S. 441–454

Militär-Comité (Hg.): Erster gedruckter Globus Martin Hylacomylus (Waltzemüller). Gehört wahrscheinlich zu seinem 1509 herausgegebenen Buche »Globus Mundi«, Wien 1879

Muthmann, Ruth-Maria: Frühe Kupferstiche aus der Sammlung Graf Maltzan, in: Artis 35 (1983) Heft 2, S. 12

Dies. (Hg.): Von Schongauer bis Beckmann. Zeichnungen und Druckgraphik aus fünfhundert Jahren, Leipzig 1990

Müller-Straten, Christian: »Die Karte ist wertlos«: Dramatischer Wertverlust wegen blinden Vertrauens, URL: http://blog.museum-aktuell.de/archives/393-Die-Karte-ist-wertlos-Dramatischer-Wertverlust-wegen-blinden-Vertrauens.html [12.2.2019]

Nebehay, Christian M.: Plauderei über alte Globen, in: Philobiblon 2 (1958), S. 297–300

Neugass, Fritz: Fälschungen auf dem amerikanischen Kunstmarkt, in: Weltkunst 20 (1950) Nr. 16, S. 2–3

Ders.: Profile des amerikanischen Kunsthandels. H. P. Kraus, Buchantiquariat in New York, in: Weltkunst 30 (1960) Nr. 18, S. 9

Obhof, Ute: Der Erdglobus, der Amerika benannte. Die Überlieferung der Globensegmente von Martin Waldseemüller aus dem Jahre 1507, in: Asche, Susanne (Hg.), Neue Welt & altes Wissen. Wie Amerika zu seinem Namen kam. Eine Ausstellung mit Kostbarkeiten der Historischen Bibliothek Offenburg, Offenburg 2006, S. 45–53

Dies.: Der Erdglobus, der Amerika benannte. Die Überlieferung der Globensegmente von Martin Waldseemüller aus dem Jahre 1507, in: Zeitschrift für Deutsches Altertum und deutsche Literatur 135 (2006), S. 474–480

Dies.: Der Erdglobus, der Amerika benannte: die Überlieferung der Globensegmente von Martin Waldseemüller, in: Der Globusfreund Nr. 55/56 (2009 [für 2007 / 2008]), S. 13–21

Parke-Bernet Galleries (Hg.): The Carminati Collection of Persian Art: Miniatures, Paintings, Manuscripts: January 28, 1943, New York 1943

Ders. (Hg.): The World-Renowned Hauslab-Liechtenstein World Global Map of 1507 by Martin Waldseemüller. The only known copy of the first published globular map of the Western Hemisphere and the first globular map on which the Name America appears. Public auction sale, May 24, Parke-Bernet Galleries, New York 1950

Ders. (Hg.): The Second Earliest Known Existing Manuscript of the Rubaiyat of Omar Khayyam Sold by Order of the Present Owner, New York 1953.

Perkinson, Roy: What You See is Not What You Get: Deceptive Repairs and Alterations in Old Master Prints, in: Colbourne, Jane / Fishman Snyder, Reba (Hg.): Printed on Paper. The Techniques, History and Conservation of Printed Media, Newcastle upon Tyne 2009, S. 50 – 52

Poulsson, Tina Grette: Retouching of Art on Paper, London 2008

Reynaerts, Jenny / Leeflang, Huigen / Schapelhouman, Marijn: Acquisitions. History and Print Room, in: The Rijksmuseum Bulletin 63 (2015) 2, S. 162–189

Ristow, Walter W.: The Hauslab-Liechtenstein Map Collection, in: The Quarterly Journal of the Library of Congress 35 (1978) Nr. 2, S. 108–138

Rossiter, Henry P.: The Albertina for Boston?, in: Apollo. The magazine of the Arts 95 (1972), S. 135–137

Schmidt, Berthold: Geschichte des Geschlechts von Maltzan und von Maltzahn, 4 Bde., Schleiz 1900–1926

Schweidler, Max: Die Instandsetzung von Kupferstichen, Zeichnungen, Büchern usw. Alte Fehler und neue Methoden bei der Beseitigung von Altersschäden an graphischem Kulturgut, Stuttgart 1938 (2. erw. Aufl. Stuttgart 1949)

Ders.: Sammeln und Sichten. Eine praktische Graphikkunde, Innsbruck 1941

Ders.: The Restoration of Engravings, Drawings, Books and Other Works on Paper, translated, edited, and with an appendix by Roy Perkinson, Los Angeles 2006

Semff, Michael (Hg.): Künstler zeichnen – Sammler stiften: 250 Jahre Staatliche Graphische Sammlung München, 3 Bde., Ostfildern 2008

Smola, Franz: Die Fürstlich Liechtenstein'sche Kunstsammlung. Rechtsfragen zur Verbringung der Sammlung von Wien nach Vaduz in den Jahren 1944/45, Frankfurt am Main 1999

Sotheby & Co. (Hg.): Catalogue of highly important printed books & manuscripts … day of sale: Tuesday, 31 May, 1960 …, London 1960

Stauffer, Christine E.: Die Geschichte der Graphik von 1430 bis 1990 in ausgewählten Werken: 23. September bis 29. November 2003, Galerie Kornfeld, Bern, Lagerkatalog Herbst 2003, Bern 2003

Stevens, Henry (Hg.): Sixth General Index to Book-Auction Records for the years 1948–1958, London 1962

Stevenson, Mark: Print Restoration in Northern Europe: Development, Traditions and Literature from the Late Renaisssance to the 1930s, in: Conservation Research 1995, National Gallery Washington (Hg.), S. 111–128

Stogdon, Nicholas: Martin Schongauer. Catalogue X, Middle Chinnock 1996

Ders.: Early northern engravings. Catalogue XI, Middle Chinnock 1998

Ders.: A Descriptive Catalogue of the Etchings by Rembrandt in a Private Collection, Switzerland, o. O. 2001

Trauscholdt, Eduard: Zu Nachahmungen und Fälschungen. Ein Beitrag aus der Perspektive eines Graphikhändlers, in: Bloch, Peter/Zick, Gisela (Hg.): Festschrift für Heinz Ladendorf, Köln/Wien 1970, S. 180–183 und Abb. Tafel LV-LX

Van Duzer, Chet: Details, Date, and Significance of the Fifth Set of Waldseemüller's Globe Gores Recently Discovered in the Munich University Library, URL: https://razoncartografica.files.wordpress.com/2012/07/van-duzer-waldseemuller-globe-gores-munich-english.pdf [12.2.2019]

Vinz, Curt: Kippenberg, Anton in: Neue Deutsche Biographie 11 (1977), S. 631–633 [Online-Version]; URL: https://www.deutsche-biographie.de/pnd118723081.html#ndbcontent

Vollmer, Matthias: Der königlich württembergische Hofjuwelier Eduard Foehr, in: Orden und Ehrenzeichen 10 (2008) Nr. 53, S. 2–7

Ders.: Der königlich württembergische Hofjuwelier Carl Zinser, in: Orden und Ehrenzeichen 10 (2008) Nr. 54, S. 90–95

Wagini, Susanne: Johann Michael von Hermann (1793–1855). »Erfinder der wahren Kupferstich-Restauration« und Vorläufer von Max Schweidler, in: dies. (Hg.): Lucas van Leyden (1489/94–1533). Meister der Druckgraphik, Berlin/München 2017, S. 286–291

Warnecke, Friedrich: Die deutschen Bücherzeichen (Ex-libris) von ihrem Ursprunge bis zur Gegenwart, Berlin 1890

Wawrik, Franz: Waldseemüller (Waltzenmüller, Hilacomilus, Hylacomylus, Ilacomilus), Martin, in: Lexikon zur Geschichte der Kartographie von den Anfängen bis zum Ersten Weltkrieg, Bd. 2, Wien 1986, S. 868–870

Wer ist wer im Kunsthandel, in: DU. Kulturelle Monatszeitschrift 19 (1959) Heft 10, S. 52–55

Wieser, Franz von: Die Cosmographiae introductio des Martin Waldseemüller (Ilacomilus) in Faksimiledruck, Straßburg 1907

Winkler, F.: Fälschungen von Bilderhandschriften und Zeichnungen, in: Mittheilungen des Museen-Verbandes als Manuscript für die Mitglieder, 1935; Februar (708–726), S. 27–32, URL: http://digi.ub.uni-heidelberg.de/diglit/mitmusverb1935/0007 [12.2.2019]

Wolff, Hans: Martin Waldseemüller. Bedeutendster Kosmograph in einer Epoche forschenden Umbruchs, in: Kulturstiftung der Länder/Bayerische Staatsbibliothek (Hg.): America. Das frühe Bild der Neuen Welt (Bayerische Staatsbibliothek Ausstellungskataloge 58), München 1992, S. 111–126

Wronkowska, Sonia: Newly discovered works for viola da gamba by Carl Friedrich Abel: the Maltzan Collection, in: Early Music 46 (2018), S. 271–284, URL: https://academic.oup.com/em/article/46/2/271/5025944?guestAccessKey=bf25c15c-f673-405d-8fab-ce1348163591 [12.2.2019]

Zum 90-jährigen Jubiläum der Gründung des Hauses H. G. Gutekunst, Bern 1954

## Über den Autor

Wolfgang Jahn studierte an der Ludwig-Maximilians-Universität München Geschichte und Germanistik. Als wissenschaftlicher Mitarbeiter am Haus der Bayerischen Geschichte kuratiert er seit vielen Jahren Ausstellungsprojekte und ist Herausgeber diverser Publikationen. Dem promovierten Mittelalterhistoriker ist der Umgang mit gefälschten Urkunden vertraut. Dennoch bedeutete es für ihn eine besondere Herausforderung, den Zusammenhängen der neuzeitlichen Waldseemüller-Fälschung nachzuspüren.